Zu diesem Buch

Es ist ein weitverbreiteter Irrtum, jeder Mann sei von vornherein ein beglückender Bettgenosse. Liebe will gekonnt und deshalb gelernt sein. Mit diesem praktischen, ganzheitlich ausgerichteten Buch können neugierige Männer lernen, etwas anderes als das Gewöhnliche zu wagen.

Das Buch entspricht in weiten Teilen der tantrisch ausgerichteten «Schule der Shivas», die Andro in seinem Berliner Therapiezentrum veranstaltet.

Näheres zu den Autoren auf Seite 190.

Andro

Mehr Spaß am Sex
Wie Männer bessere
Liebhaber werden

Idee: Andro
Text: Stefan Schomann
Fotos: Stefan Maria Rother

Rowohlt

Neuausgabe
9.–17. Tausend Februar 1999
Veröffentlicht im Rowohlt Taschenbuch Verlag GmbH,
Reinbek bei Hamburg, Dezember 1992
Die erste Taschenbuchausgabe dieses Buches erschien im
Rowohlt Taschenbuch Verlag unter dem Titel
«Laß dir Zeit für deine Lust»
Die Originalausgabe erschien 1989 bei Simon + Leutner,
Berlin, unter dem Titel «Männer lernen lieben»
Copyright © 1989 by Simon + Leutner
Umschlaggestaltung Guido Klütsch
(Foto: The Picture Book / Bavaria)
Gesamtherstellung Clausen & Bosse, Leck
Printed in Germany
ISBN 3 499 60647 x

Inhalt

Einleitung   8

Teil 1

Die Lust der Männer   11

■ Traumprinzen 12 ■ Freischwimmer 13 ■ Das Leben muß Spaß machen! 14 ■ Wenn Shiva tanzt 15

Es geht auch anders   17

■ Die Rollenbilder 17 ■ Die Wohnung 20 ■ Die Arbeit 20 ■ Beziehungen 21 ■ Lieber Sohn 22

Bewußte Sexualität   24

■ Laß dir Zeit für deine Lust 25 ■ Genieße und steigere deine Lust 25 ■ Liebe dich selbst 26

Die Lust am Körper   28

■ Gesunder Geist, gesunder Körper 28

Die Kunst der Selbstdarstellung 32

▧ Vom eigenen Gefühl sprechen 33 ▧ Beziehungen
gestalten 34 ▧ Das Anmachen 34 ▧ Geschenke 36
▧ Eifersucht: Abschied von der Allmacht 37 ▧ Autonomie
und Liebe 39 ▧ Die Klärungshelfer 40
▧ Trennungen 40

Sexualität in der Partnerschaft 44

Die Männergruppe 48

Tantra 50

▧ Mit allem verbunden 51 ▧ Von Liebe getragen 52
▧ Tantrische Spiritualität 52 ▧ Die Kunst der Hingabe 54

Teil 2

Mannsbilder 57

▧ Die Rolle des Vaters 59 ▧ Hochzeit oder Scheidung? 60
▧ Weibliche Rollenklischees 61

Bewußte Sexualität 63

▧ Die Hürden 63 ▧ Die Ziele 64 ▧ Selbstlust 64
▧ Selbstlust mit Partner 65 ▧ Orgasmuskontrolle 66
▧ Öle und Gleitmittel 67 ▧ Spiegelritual 68 ▧ Sperma ist
Leben 69 ▧ Was will ich erreichen 69 ▧ Der sexuelle
Vater, die sexuelle Mutter 72 ▧ Lusttraining 74
▧ Melken 75 ▧ Kontrahieren 76 ▧ Erogene Zonen 77
▧ Hilfsmittel und erotischer Schmuck 78

Die Lust am Körper 79

▓ Yin und Yang 79 ▓ Die Chakren 81 ▓ Hygiene und
Pflege 88 ▓ Erotische Massage 89 ▓ Yoga 117
▓ Stimme und Sprache 125 ▓ Essen und Trinken als
Lustprinzip 128 ▓ Aphrodisiaka 133

Die Kunst der Selbstdarstellung 137

▓ Wünsche äußern 137 ▓ Ich-Sagen will gelernt sein 139
▓ Alles hat Bedeutung 139 ▓ Geschenke 140 ▓ Das
Anmachen 143 ▓ Krisensituationen 145 ▓ Eifersucht 148
▓ Selbstbewußtsein: Das Gegenteil von Eifersucht 150
▓ Das agreement 151 ▓ Die Ergänzungspartnerschaft 152
▓ Trennungen 152 ▓ Leid und Wachstum 153

Sexualität in der Partnerschaft 155

▓ Empfängnisverhütung 155
▓ Geschlechtskrankheiten 163 ▓ AIDS 167 ▓ Petting 169
▓ Cunnilingus und Fellatio 169

Die Männergruppe 177

▓ Erfahrungsberichte aus der Schule der Shivas 177

Tantra 182

▓ Die Kunst der Verehrung 182 ▓ Potenzmittel 186
▓ Weiterführende Literatur 188 ▓ Die Autoren 189

Einleitung

Was ist Lust? Wer hat Lust? Warum hat jemand Lust? Kann Lust produziert werden?

Wie entsteht Lust überhaupt?

Lust wird zumeist als Beiprodukt von verschiedenen Tätigkeiten bemerkt. Am deutlichsten bei der sexuellen Betätigung, aber auch beim Essen, beim künstlerischen Schaffen oder auch bei ganz gewöhnlichen Arbeiten. Bei der Zeugung kommt sie vor, jedoch auch bei der Geburt, und es stellt sich die Frage, ob sie etwa auch beim Sterben erscheinen könnte.

Man weiß, daß es ein sogenanntes Lustzentrum im Gehirn gibt. Nicht unähnlich dem für Hunger oder Durst.

Wir haben Durst und trinken, und es stellt sich eine Sättigung ein.

Beim Hunger kann sich noch der Appetit hinzugesellen, der unabhängig von der primären Sättigung befriedigt werden will.

Ist Lust die Dreingabe an Gefühl bei unseren profanen Lebensvorgängen, oder ist Lust etwas ganz anderes? Die Wissenschaftler haben darauf keine Antwort, und die Philosophen können sich nicht recht entscheiden, wozu Lust denn da sein sollte.

Jeder weiß, daß er sich seine Lust verderben lassen kann, wir haben dann keinen Spaß mehr an den jeweiligen Tätigkeiten, die uns zu anderer Zeit und anderen Bedingungen durchaus Lust machen können.

Was ist ein Orgasmus, wenn er zur reinen Fortpflanzung gar nicht benötigt wird?

Braucht der Mensch überhaupt Lust, oder ist die Lust die Sünde per se?

Ist Lust schädlich?

Lust ist ein Motivator schlechthin, und sie ist geeigneter als Strafe oder Frust.

Das, was Lust macht, wollen wir wiederholen und das, was Unlust macht, vermeiden.

Dennoch ist unsere Gesellschaft nicht darauf ausgerichtet. Belohnung und Strafe sind die Pole, zwischen denen sich der gesellschaftliche Verhaltensdrill bewegt, und dennoch benutzt die Gesellschaft zumeist nur Strafe und Nichtbestrafung als Pole, die Lust bleibt als negativ besetzt außen vor, das Bonbon scheint versprochen, wird aber dann nicht gereicht.

Für die Lust hatte man sich zu schämen.

Was geschieht nun mit einem so unmenschlichen Empfinden, wenn es nur mit schlechtem Gewissen und ohne rechte Freude daran empfunden werden darf?

Die Lust degeneriert und pervertiert, bis schließlich der Organismus erkrankt. Die Zahl der Erkrankungen auf Grund von fehlendem oder unzureichendem orgasmischem Empfinden ist endlos und noch gar nicht ausgelotet.

Wer seine Lust steigern wollte, galt oder gilt noch heute als Lüstling, auf die Lusterfahrung zu verzichten noch immer als moralisch gut. Diese Paradigmen haben sich trotz aller modernen Freizügigkeit noch nicht geändert.

Vielleicht ist darin auch der Grund zu suchen, weshalb Mediziner und Pharmakologen bisher der Lusterforschung kaum Raum gaben.

Das Recht auf persönlichen Rausch ist inzwischen per Gesetz verankert.

Vielen Frauen ist Sex als Partnerbezug oft wichtiger als das eigene Vergnügen. Jahrtausendelang haben viele Frauen ihr Bereitsein nach der vorhandenen Erektion des Mannes gerichtet und nicht nach ihren eigenen Bedürfnissen.

Ein großes Mißverständnis, das nur mit der mangelnden Aufklärung über die wirklichen Zusammenhänge mit der Lust zu erklären ist. Die moralische Instanz Kirche übt da ihren Tausend Jahre langen unseligen Einfluß bis heute aus.

Es schien geschlechtsspezifisch gegeben, daß eine Frau auf sie erniedrigende Weise um die Lust des Mannes zu buhlen hatte, und diese Abhängigkeit hat er zum Teil den Frauen drakonisch zurückgezahlt, in einem rigiden Patriarchat.

Dieses System gegenseitiger Abhängigkeit und emotionaler Ausbeutung hat seinen Preis in der Impotenz vieler Männer und der Anorgasmie vieler Frauen.

Welche Rolle die temporäre Impotenz in den Beziehungen spielt, traut sich keiner zuzugeben. Der Macho ist im Grunde impotent, der Vergewaltiger ist impotent, der ersatzweise erfolgreiche Geschäftsmann mit Gefühlskälte ist impotent. Das ganze Kriegsgehabe ist Potenzersatz, Waffen sind Erektionskompendien, Güterkonsum ist Gefühlsersatz usw.

Die vielfältigen Mechanismen, einer Frau die Lust abzusprechen, beginnen damit, daß bis heute Frauen und Mädchen millionenfach verstümmelt werden durch Beschneidung.

Eine sexuelle Frau ist keine Ehefrau. Im Fall einer Eheschließung schwört sie in der Regel einer freizügigen Sexualität ab, wenn sie schon nicht unerfahren und jungfräulich in die Ehe geht, was immer noch gesellschaftlich als opportun angesehen wird.

Eine sexuell freizügige Frau gilt als unanständig, und sie muß das verstecken.

Ein Mann, der immer kann, existiert nur in der Phantasie der Männer und in der Verunglimpfung der Frauen.

Die Verzerrung der gewöhnlichen Sexualität mit Drogen und Gewaltspielen entsteht ebenfalls aus mangelnder Lust, die krampfhaft auf anderen Wegen versucht wird zu gewinnen.

Die Unbefriedigung der Lust wurde jahrhundertelang zur Versklavung ausgenutzt, denn nur Unbefriedigten kann man Versprechungen machen.

Laßt uns die Lust entdecken!

Mit diesem ganzheitlich ausgerichteten Buch können neugierige Männer lernen, etwas anderes als das Gewöhnliche zu wagen.

ANDRO, Oktober 1998

Die Lust der Männer Teil 1

Ein Mann sollte schön, vielfältig, liebevoll, kreativ und erfolgreich sein. Er ist es aber meistens nicht.

Die wichtigste Ausbildung im Leben eines Mannes, die seiner Sexualität und Liebesfähigkeit, das Know-how eines Liebhabers, bekommt er meistens nicht. Wenn er das erkennt, ist es oft schon zu spät. Das übliche Gehabe vieler Männer ist bloße Scheinsicherheit, so durchsichtig wie löchrige Strümpfe.

Wenn es in unseren Breiten eine erotische Kultur gäbe, wäre das, worüber wir hier reden, Bestandteil von Allgemeinbildung. Schon in der Familie wird Sexualität tabuisiert, in der Schule lieblos und rein technisch behandelt, in den Medien nur oberflächlich. Sexualität wird nicht wirklich vermittelt.

Ein befreites und erfülltes, aktives und ehrliches Leben und Lieben gelingt nur wenigen. Zwar wird ständig darüber geredet und geschrieben, aber findet es wirklich statt? Aus eingebildeter Erotik entsteht keine Lebensfreude, aus aufgeschwatztem Konsum kein Genuß, und fromme Wünsche allein verändern nichts.

Traumprinzen

Mit zunehmendem Selbstbewußtsein der Frauen werden die Männer immer stärker verunsichert. Oft reicht es nur zu schlechten Kompromissen. Seit Jahren pfeifen es die Spatzen von den Dächern: Die Männer Mitteleuropas sind als Liebhaber gewöhnlich so gut geeignet wie Raddampfer für eine Fahrt auf die Zugspitze. Daß auch in Amerika nicht lauter Märchenprinzen leben, zeigte der letzte Hite-Report: 90 Prozent der befragten Frauen waren mit ihren Partnern unzufrieden. Viele haben resigniert und erwarten von sich vorsichtshalber gar nichts mehr. Bei uns dürften die Ergebnisse nicht sehr viel positiver ausfallen.

Dieser Frust führt zu gesellschaftlicher wie privater Stagnation. Die Unzufriedenheiten der Frauen wie der Männer sind allgemein. Das Patriarchat geht in Pension, doch noch gibt es nur in Ansätzen neue Konzepte, die seine Stelle übernehmen. Im patriarchalen Modell wird die Herrschaft innerhalb der Beziehung so verteilt, daß sich dem Mann mehr Vorteile bieten als der Frau.

Das Unbehagen ist überall zu vernehmen. Neue Wege werden gesucht – etwas Verbindliches gibt es noch nicht. Der König stirbt ... was nun?

Jeder einzelne kann mit Veränderungen beginnen – nur bei sich selbst! Ein schwieriger Prozeß.

Freischwimmer

Wer vom bröckelnden Felsen des Patriarchats ins Gefühlsmeer springt, in die Ungewißheit, Offenheit anderer Formen des Zusammenlebens, wird nicht gleich perfekt schwimmen können. Es wird ihn Überwindung kosten und angreifbar machen – Mißerfolge werden nicht ausbleiben. Auch Frauen wird verändertes Verhalten möglicherweise irritieren, insofern sie ihren Teil zum Patriarchat beitragen, absichtlich ohne Verantwortung bleiben, in Abhängigkeit von Männern, die ihr Leben verwalten. Die Frauenbewegung hat in den letzten Jahrzehnten viel dazu beigetragen, solche Mißverhältnisse aufzulösen, doch ist es die Aufgabe der Männer, sich als Männer zu verändern – sowohl mit den Frauen als auch ohne sie.

Dieses Buch möchte Mut machen. Wenn die Bereitschaft geweckt wird, mit neuen Möglichkeiten zu spielen, anderes als das Gewöhnliche zu wagen, ist schon viel geschehen.

Hier und jetzt kann das Vergnügen beginnen!!

Alles, was in diesem Buch beschrieben wird, haben wir sowohl in Männergruppen als auch in gemischten Gruppen ausprobiert. Das Buch basiert auf der Arbeit in der «Schule der Shivas», die ihren Namen von der hinduistischen Gottheit Shiva hat. Shiva verkörpert das männliche Prinzip, so wie die Göttin Shakti das weibliche Prinzip verkörpert. Shiva steht für den göttlichen Mann, er ist ebenso Liebhaber wie Zerstörer und Verwandler.

Die Schule der Shivas bietet Männern eine Ausbildung ihrer Liebesfähigkeit. Es gibt ja auch Sprachschulen, Surfschulen, Fahrschulen, Tanzschulen, Schauspielschulen – aber eine Liebesschule?

Die Vernunft sagt ja, doch der Stolz, die Eitelkeit, die Unbeweglichkeit halten dagegen. Dabei fallen fast allen außer frechen Kommentaren auch gleich die richtigen Kandidaten ein.

Das Leben muß Spaß machen

Das bloße Konsumieren eines Buches bringt freilich noch nichts, es vermittelt allenfalls eine Idee, es stachelt an. Entscheidend sind die konkreten Schritte, die von jedem selbst unternommen werden, nicht nur alleine, sondern in Auseinandersetzung mit anderen, mit Partnern und Partnerinnen, in der Familie, mit Bekannten und Unbekannten.

Nur wenige Menschen gehen wirklich davon aus, daß die Suche nach maximalem Lustgewinn in jeder Situation etwas Gutes darstellt. Viele scheinen eher vom Gegenteil überzeugt: Das Leben sei nun einmal beschissen, zumindest schwierig und voller Probleme. Höchste Zeit, diese Jammertal-Mentalität umzukehren, das Lustprinzip als Lebensmaxime Wirklichkeit werden zu lassen!

Am ehesten verhält sich noch das Neugeborene dementsprechend. Ständig begehrt es sinnliche Genüsse.

Lust nur auf den engen Bereich der genitalen Lust zu beziehen und zuzulassen ist eine unsinnige Selbstbeschränkung. Lust läßt sich immer und überall finden, die Bereitschaft zur Hingabe vorausgesetzt. Dabei bedeutet Hingabe nicht unbedingt, nur das zu tun, was man liebt (das ist nicht immer möglich – und wer weiß schon, was er wirklich liebt), aber stets zu lieben, was man tut. Es ist lustvoll, zu trinken, etwas Schönes anzufassen, zu sitzen, zu laufen, zu baden, Sex zu

haben, mit Kindern zu spielen, zu arbeiten, zu schlafen, zu
sehen, zu hören, zu sprechen...

Wenn Shiva tanzt

repräsentiert er das männliche Urprinzip, den Mann
schlechthin in seiner schönsten, vitalsten und reinsten Form.
Unserer Ausbildung diente er daher als Leitbild.

Die Voraussetzung des ganzheitlichen Mannes ist die Be-
herrschung der fünf elementaren Ausdrucksformen seines
Seins: die körperliche, die geistige, die sinnliche, die sexuelle
und die künstlerische.

Eine erfolgreiche Selbsterfahrung und Selbstentwicklung
sind nur aus einem umfassenden und ganzheitlichen Verständnis heraus möglich, alles andere bleibt Stückwerk.

Dabei stellen sich folgende Aufgaben:
- Das körperliche Erscheinungsbild von Kopf bis Fuß bewußt wahrnehmen und gestalten
- die akustischen und sprachlichen Ausdrucksmittel wei-
  terentwickeln
- das männliche Rollenverhalten erfassen und verändern
- das weibliche Rollenverhalten erkennen und einbeziehen
- künstlerische Ausdrucksmittel anwenden
- aktiv, gesund und lustvoll leben
- Sexualität als Liebeskunst erfahren und praktizieren
- kultische Elemente in Zeremonie und Alltag einsetzen.

Wir möchten zeigen, welche Rolle diese Themen im Rahmen
männlicher Selbstfindung spielen können. Freilich kann ein

Buch keinem die Arbeit der Selbsterfahrung abnehmen. Wir können nur verschiedene Menüs vorschlagen, kochen und essen muß jeder selbst.

Die Menüs bestehen aus acht Gängen, die jeweils in zwei Portionen serviert werden. Im ersten, allgemeinen Teil stellen wir die wichtigsten Themen vor, die dann im zweiten Teil anhand von Beispielen, Übungen und Informationen vertieft werden. Das Buch muß also nicht unbedingt chronologisch gelesen werden. Ebensogut kann man zu jedem Thema erst den theoretischen und gleich anschließend den praktischen Teil aufschlagen.

total, verspielt, in der Gruppe

Lieben lustvoll, frontal, allein **lernen**

in der Gruppe, unorthodox

ohne Tabus

Männer sollten lernen, ihre
Wünsche frei zu äußern,
sollten ihre Möglichkeiten kennenlernen,
ihre Erfahrungen mitteilen,
ihre Hingabe leben,
ihre Lust gestalten.
Denn:
Sexualität ist unsere wichtigste und elementarste Energie.

Es geht auch anders

Jede Veränderung braucht zweierlei: die Verabschiedung der gewohnten Muster und die Kreation neuer Bilder.

Wir wollen drei zentrale Bereiche ansprechen, bei denen Veränderungen beginnen können: die Rollenbilder, die Klärung der Lebensumstände und die Auseinandersetzung mit den Eltern.

Die Rollenbilder

Wir alle orientieren uns an Vorbildern und handeln danach, auch dann, wenn wir widersprüchliche Ansichten über sie haben. Gesellschaftliche und familiäre Rollenvorstellungen, in bestimmten Menschen und Figuren personifiziert, prägen unser eigenes Verhalten, bestimmen unser Bild von Mann und Frau. Das können, im Fall des Mannes, Vater, Bruder oder Onkel sein, Lehrer, berühmte oder auch berüchtigte Männer, «Autoritäten», Fernsehhelden oder Märchenfiguren. Diese Vorbilder beeinflussen uns bewußt und unbewußt in allen Lebensbereichen: in der Partnerschaft, im Arbeitsleben, in der Kindererziehung, der Ästhetik, der Weltanschauung, der Beziehung zu Natur und Umwelt.

Die Orientierung an Vorbildern ist Bestandteil der individuellen Entwicklung jedes Menschen, ob diese nun durch persönliche Begegnung erlebt oder, wie häufig, durch Medien vermittelt wurden. Eigentlich sollten sie Wege öffnen, nicht verstellen. Da es jedoch nur wenige ganzheitliche, vielseitig zusammengesetzte Vorbilder gibt und diese sich auch schwerer erfassen lassen, sind reduzierte, einseitige Entweder-oder-Leitfiguren weit verbreitet.

Männliche und weibliche Rollenbilder bedingen sich gegenseitig. Was männliches Rollenverhalten in bezug auf Partnerschaften angeht, so ist das Repertoire eng begrenzt. Im Grunde gibt es nur zwei allgemein akzeptierte Klischeefiguren: den Liebhaber und den Ehemann – den Don Juan und den Patriarchen. Die Beschränktheit dieses konventionellen Männerbildes zeigt sich vor allem in drei Punkten: Wo bleibt die innere Frau? Wo bleiben die Alternativen zur Ehe? Wo bleibt der Single?

Zur ersten Frage: In vielen Mythen ist der Mensch zur Hälfte Frau und zur Hälfte Mann. Die Aufspaltung in nur Mann-Sein und nur Frau-Sein ist eine zivilisatorische Einschränkung der Möglichkeiten des einzelnen. Männer, die ihre weiblichen Anteile unterdrücken (das klassische Macho-Gehabe), erniedrigen die Frau. Sie zeigen, daß sie nicht viel von ihr halten. Zur ganzheitlichen Persönlichkeit gehören die Erfahrung von Androgynität, d. h. für den Mann auch die Liebe zu seiner «inneren Frau», und das Streben nach Realisierung aller persönlichen Möglichkeiten unabhängig von ihrer geschlechtsspezifischen Zuweisung.

Zum zweiten Punkt: Nach wie vor prägt die Institution Ehe die Vorstellungen von menschlichen Beziehungen. Eine einzige Partnerschaft wird auf Kosten anderer Partnerschaften zum Zentrum des persönlichen Lebens. Daher existiert für das alltägliche Zusammenleben mit anderen in unserer Gesellschaft nur ein verbindliches Modell: die Kleinfamilie. Erst seit verhältnismäßig kurzer Zeit werden andere Formen der Lebensgemeinschaft versucht, andere Spiele gespielt als immer nur: Vater – Mutter – Kind. Wichtig bei freieren, ungebundeneren Partnerschaften und bei alternativen Formen wie Großfamilie, Wohngemeinschaft oder Kommune ist, daß bei allen Beteiligten ein inneres Bild existiert, wie die gemeinsame Wirklichkeit aussehen soll. Es muß deutlich werden, warum gerade diese Form gewählt wird und welche neuen Konzepte sich damit möglicherweise verwirklichen lassen.

Und drittens: Autonomie ist eine praktische Angelegenheit. Oft wird das Single-Dasein zunächst als überwiegend negativ angesehen und erlebt, als Abwesenheit einer Partnerin oder eines Partners, als Unvollständigkeit, als Mangel. Krampfhaft versucht man, diesen schrecklichen Zustand so bald wie möglich zu überwinden, um wieder «Anschluß» zu finden. Das Gegenteil wäre erfolgversprechender. Das Kultivieren der Selbständigkeit schafft überhaupt erst die Voraussetzungen, um eine Beziehung real werden zu lassen. Ein Mann sollte gerade deshalb selbständig und selbstsicher sein, um dann auch andere Menschen an seiner Welt teilnehmen lassen zu können. Nur wer sein Leben in eigener Verantwortung und ohne Fixierung auf andere lebt und gestaltet, kann wirklich offen und frei sein, jenseits zwanghafter Rolleneinteilungen und Machtkämpfe.

Die Wohnung

Äußerer und innerer Wandel hängen zusammen.

Es wäre falsch zu glauben, erst müsse man die Dinge gedanklich klären, um dann Konsequenzen daraus zu ziehen, ebenso wie es umgekehrt falsch ist zu glauben, daß eine bloße äußerliche Veränderung schon einen neuen Menschen entstehen ließe. Beide Pole sind wichtig. Bei beidem sollte man nicht zu lange mit der Realisierung warten. Die Auseinandersetzung mit den Rollenbildern stellt einen ersten Schritt dar. Dann folgt: Schau dich um! Wie wohnst du?

Sind überhaupt die Bedingungen gegeben, um Veränderungen stattfinden zu lassen?

Wer bei den Eltern wohnt oder zur Untermiete oder zusammen mit einer festen Partnerin, der kann gar nicht ohne weiteres neue Lebensgewohnheiten einführen. Im Umziehen zum Beispiel, auch im übertragenen Sinne, liegt oft eine wichtige Möglichkeit zur Veränderung.

Die Arbeit

Die meisten Menschen lassen nur schwer von ihren Gewohnheiten, selbst wenn es schlechte Gewohnheiten sein mögen. Ähnlich wie mit der Wohnung verhält es sich mit dem Job oder Beruf. Ein Job sollte nichts Unumstößliches sein, von dem man nicht mehr lassen kann. Bringt der Job mich als Mann weiter, ist er mir förderlich – oder ist es nur etwas, das Geld einbringt, am Ende sogar zu wenig, gemessen an den aufgewendeten Energien? Jobs kann man wechseln. Das meint nicht, alles gleich hinzuwerfen, aber schon, die Arbeitsbedingungen zu reflektieren und den eigenen Vorstellungen gemäß zu verbessern.

Es gibt unterschiedliche Formen von Arbeit: man kann auch an seinem geistigen Horizont arbeiten, am eigenen Mut, an seiner Fähigkeit zur Hingabe, an einer Beziehung, an einem anderen Ort, an seiner Vergangenheit, an seiner Gegenwart, an seiner Zukunft...

Beziehungen

Der dritte Lebensbereich, in dem alte Gewohnheiten Veränderungen erschweren, sind die menschlichen Beziehungen, die Personen, mit denen ich zusammenlebe, mit denen ich befreundet bin, die ich liebe. Diese Verhältnisse werden ebenfalls stark von Rollenvorstellungen und Klischees geprägt.

Für Zweierbeziehungen sind gespaltene Vorstellungen geradezu klassisch: die Partnerin soll einerseits die geile Traumfrau sein, schön, edel und willfährig, und andererseits die mütterlich-starke, unabhängige Gefährtin, die Geborgenheit und Absicherung vermittelt, den Alltag organisiert und die Probleme des Mannes miterledigt.

Nun gibt es durchaus beneidenswert vielseitige Frauen, wenn auch nicht wie Sand am Meer. Aber muß es denn überhaupt eine Frau sein?

Wie wichtig ist das patriarchale Modell der Monogamie für das Glück des einzelnen? Die Klärung der Rollenbilder soll auch dazu beitragen, die individuellen Vorstellungen über Beziehungen herauszuarbeiten und zu erweitern. Die Fixierung etwa auf eine einzige Frau erweist sich so gut wie immer als Illusion: Im Laufe eines Lebens geht jeder Mann Beziehungen mit verschiedenen Frauen ein, wenn auch nicht unbedingt gleichzeitig. Es wäre Unsinn, von einem Menschen alles zu erwarten. Je vielfältiger die eigenen Interessen, desto sinnvoller ist es, sie mit mehreren Menschen zu teilen.

In diesen Zusammenhang gehört auch eine Aufwertung der Männerbeziehungen, in denen sich weit mehr Gefühle und Neigungen verwirklichen lassen, als dies meist getan wird. Wenn auch Männerbeziehungen keine machtfreien Räume darstellen, so ist doch mit dem eigenen Geschlecht ein grundsätzlich anderer Umgang möglich, da dabei direkte Herrschafts- und Besitzansprüche eine geringere Rolle spielen.

Lieber Sohn!

Gleichgültig, wie alt Du bist, Du wirst immer unser Kind bleiben. Auch wenn Du noch so weit entfernt lebst, wenn Du keinen persönlichen Kontakt mehr zu uns hast, selbst wenn wir verstorben sind – wir Eltern sind in Dir. Biologisch, biographisch und in Deiner Phantasie. Unser Einfluß ist stark, aber veränderbar. Vor allem prägten wir Dein Verhältnis zu Autoritäten, zu Beziehungen und zu Körperlichkeit und Sexualität. Wenn diese zum Sündenfall im familiären Paradies wurde, bleibt sie lebenslänglich Gegenstand der Auseinandersetzung zwischen uns.

Wenn Kinder erwachsen werden, versuchen sie häufig, die Eltern zu ignorieren, zu bekämpfen oder zu überlisten. Überall liegen Leichen im Keller: das, was nicht gesagt und nicht getan wurde. Es gibt auch andere Möglichkeiten,

Kommunikation zu gestalten. Du hast sie in der Hand. Nicht unsretwegen, sondern Deinetwegen. Benutze uns dazu, Deine Ansprüche zu klären und Authentizität zu entfalten. Denn die brauchst Du auch dann noch, wenn Du selbst Vater wirst.

Bewußte Sexualität

Bereits Kleinkinder können ganzheitliche Orgasmen erleben, und zwar nicht durch genitale Stimulation, sondern durch Empfindungen des ganzen Körpers, über Haut, Mund und Bewegungen. Diese frühe Wollust verlernen sie, sobald diese, wie so häufig, von den Eltern beschränkt wird. Viele Eltern neigen dazu, alles, was wie beginnende Sexualität aussieht, mit Mißtrauen zu verfolgen. Sie wollen nicht damit konfrontiert werden und die Verantwortung für die Sexualität eines Kindes nicht wirklich übernehmen. Derartige Hemmungen im körperlichen Umgang tragen zusammen mit der späteren moralischen Zensur dazu bei, daß Lust und Erotik einseitig auf genitale Sexualität fixiert werden. Der übrige Körper bleibt sinnlich unterversorgt, das wirkliche Liebesspiel wird aus mangelnder Sensibilität und innerer Unruhe heraus möglichst schnell exekutiert.

Laß dir Zeit für deine Lust

Lust braucht ihre Zeit. Genuß muß man sich gönnen, für ein gutes Essen nehmen wir uns ja auch ohne weiteres mehrere Stunden Zeit. Die ganzheitliche und tiefe Lust des Körpers entfaltet sich nicht in ein paar Minuten, es läuft eine Reihe physiologischer Prozesse ab. Der Blutkreislauf stellt sich um, Nerven, Haut und Muskeln verändern sich. Ein ganzheitlicher, das heißt: den ganzen Körper einbeziehender Orgasmus gewinnt dann auch eine andere Qualität als der übliche Schmalspur-Orgasmus. So erfrischend ein Quickie in bestimmten Situationen auch sein kann – er sollte nicht zur Regel werden. Schneller Sex befriedigt den Mann mehr als die Frau, aber nur oberflächlich, denn er verschafft vielen Männern die gewünschte Entspannung und Befreiung – mehr nicht. Ein Großteil der Männer und viele ihrer Partnerinnen lernen intensivere Formen des Orgasmus gar nicht kennen. Im schlimmsten Fall wird jahrein, jahraus die gleiche Nummer geschoben.

Genieße und steigere deine Lust

Um Lust dauerhafter und intensiver genießen zu können, müssen wir unsere Erregung beherrschen. Denn Lust hat auch mit Kontrolle zu tun. Das mag irritierend klingen, wird doch Eros gewöhnlich als Anarchist angesehen. Wir meinen jedoch eine Kontrolle, die zu mehr Freiheit führt, durch die das Leben nicht unterdrückt, sondern erst richtig genossen wird.

Anstatt sich vorschnell zu verausgaben, werden die sexuellen Energien so lange angesammelt und gesteigert, bis der Körper vollkommen von Lust erfüllt ist. Kontrolle steht in diesem Zusammenhang für Bewußtheit, für Erfahrung im Umgang mit dem eigenen Körper und mit den Körpern anderer, für Aufmerksamkeit, Sensibilität und Klarheit. Durch das Beherrschen von Atmung, Denken und Ejakulation gewinnt das Liebesspiel, ob alleine, zu zweit oder zu mehreren, entscheidend an Intensität.

Liebe dich selbst

Lust ist unabhängig von anderen Menschen. Es ist unsinnig, daß ein Mann einer Frau nachrennt, nur um schnell einmal einen Samenerguß loszuwerden. Es ist sinnvoller, er hat seinen Orgasmus dann, wenn er ihn haben will, die Selbstbefriedigung bietet ihm alles, was er braucht. Das gelingt freilich nicht, wenn Selbstlust als etwas Negatives gesehen wird. Viele schämen sich gleich mehrfach: weil sie keine Frau haben, weil Onanie für sie trotz allem etwas Unanständiges ist und weil sie ihre Selbstbefriedigung als unästhetisch und lieblos erleben. Kein Wunder: Es bereitet tatsächlich keinen besonderen Genuß, sich im Dunkeln huschhusch verklemmt unter der Bettdecke zu befriedigen.

Eine veränderte Einstellung zur Selbstlust ist der erste und wichtigste Schritt auf dem Weg zu einer erfüllten Sexualität. Sie ist der Schlüssel zum eigenen Körper, aber auch zu der Lust anderer.

Die Kenntnis und der Genuß der eigenen Sinnlichkeit stärken das Wohlbefinden und das Selbstbewußtsein, dadurch wird wiederum das Feedback von außen positiv beeinflußt.

Wer sich und seinen Körper mag, erlebt, wie auch andere ihn mögen.

Im zweiten Teil beschäftigen wir uns näher mit einer positiven Praxis der Selbstlust, erläutern, wie gleichzeitig mehr Kontrolle und mehr Freiheit in der Lust möglich werden können.

Die Lust am Körper

Wer seinen Körper täglich als schön und lustvoll erlebt und behandelt, der fühlt sich nicht nur wohler, er strahlt auch mehr Lust, Sicherheit, Männlichkeit und Attraktivität aus.

Gesunder Geist, gesunder Körper

So alt und mißbraucht diese Weisheit auch ist, sie formuliert den Kern eines ganzheitlichen Menschenbildes. Körper, Geist und Seele bedingen einander. Veränderungen hängen vom Willen ab, körperliches Wohlbefinden läßt sich aktiv gestalten. Es geht dabei vor allem um die Vielfalt der Körperwahrnehmung. Einseitige Torturen wie einst bei Turnvater Jahn oder heutzutage beim body-building haben damit nichts zu tun.

Es erstaunt immer wieder, wieviel Liebe und Akribie viele Männer beispielsweise in ihr Auto investieren. Würden sie die gleiche Energie auf ihren eigenen Körper verwenden, hätten wir andere Männer. Die Regel ist jedoch ein unreflektierter, routinemäßiger und schlampiger Umgang mit sich selbst. Verglichen mit der selbstverständlichen Sinnlichkeit anderer Kulturen, präsentieren Männer sich hierzulande meist als unauffällige, gar häßliche Gestalten und lassen allenfalls ahnen, wie schön, lustvoll, aufregend und spielerisch es sein kann, ein Mann zu sein.

Ein waches Erleben der verschiedensten Möglichkeiten, die Pflege bestimmter Vorlieben und das Experimentieren mit neuen Körpererfahrungen machen einen wesentlichen Teil ganzheitlicher Lebenspraxis aus.

Die Lust am Körper betrifft eine ganze Reihe von Lebensbereichen. Zumindest auf einige davon wollen wir im zweiten Teil näher eingehen. Wir möchten dazu einladen, Altes zu kultivieren und Neues auszuprobieren. Wir wollen Mut machen für Verwandlungen, für Spiele mit dem Körper. Selbst wenn es mit einem gewissen Aufwand verbunden sein sollte.

Es kostet weit weniger Geld und Zeit als etwa ein Fernseher.

Im einzelnen geht es daher um:
- Yoga
- Sport
- Erotische Massage
- Stimme und Sprache
- Sinnlichkeit und Körpererfahrung
- Ernährung
- Gesundheit und Hygiene
- und das gesamte äußere Erscheinungsbild

Die Kunst der Selbstdarstellung

Ich zu sagen, präzise und geradeheraus von sich selbst zu sprechen, galt und gilt in unserer Gesellschaft als verpönt. Der spielt sich auf, heißt es, der will mehr aus sich machen, als er ist, der ist egozentrisch, unhöflich, ignorant. Man sagt nicht ich – eine Regel, die, mal offen, mal versteckt, in der Erziehung ebenso Anwendung findet wie in der Schule, in der Öffentlichkeit und in der Arbeitswelt.

Derartige Verhaltensmuster behindern die Artikulation der eigenen Bedürfnisse, unterdrücken sie vielfach fast ganz. Viele können das, was sie eigentlich möchten, überhaupt nicht ausdrücken, sie halten ihre Wünsche und die dazugehörigen Sätze krampfhaft in sich fest und hoffen trotzdem, daß die anderen sie auf wunderbare Weise erraten. Denen ergeht es jedoch ebenso, und so wird alles mögliche getan und gesagt, nur nicht das, was sie eigentlich tun und sagen wollen. Es gibt auch das umgekehrte Extrem, jemand, der pausenlos auf sich aufmerksam macht, doch seine eigentlichen Ziele hinter diesem Schwall von Informationen ebenso verbirgt wie die anderen hinter Schweigen oder nichtssagender Konversation.

Jeder Mensch sollte lernen, seine Bedürfnisse konkret auszudrücken. Nicht wegen der anderen, um unbedingte Forderungen an sie zu richten, um Sprache als Instrument der

Herrschaft, der Manipulation einzusetzen, sondern um seiner selbst willen. Er muß lernen, sich mitzuteilen, sich deutlich zu machen, seine Situation und seine Ziele, seine Gedanken und Gefühle auszusprechen und zu leben.

Vom eigenen Gefühl sprechen

Wer in der offenen Artikulation seiner Gefühle von klein auf behindert wurde, übt Strategien ein, um wenigstens auf Umwegen ans Ziel zu gelangen. Indirekte Botschaften werden abgesandt, Andeutungen gemacht, Schleichwege und Umleitungen beschritten, verschlüsselte Hinweise eingebaut, die sich hinter Konventionen ebensogut verstecken lassen wie hinter scheinbarer Originalität. Oder aber das Unterdrückte bricht sich brutal und völlig unangemessen Bahn. Der Betreffende wird vulgär, besitzergreifend und totalitär. Die Folgen dieser Ersatz-Strategien bleiben nicht aus: der größte Teil aller Probleme, die im Alltag, im Beruf, in Beziehungen und in der Sexualität auftreten, sind Kommunikationsprobleme.

Genauso wie wir unseren Körper pflegen, sollten wir auch unsere Seele, unsere Sprache und unseren Geist pflegen. Selbstdarstellung besteht nicht allein aus sprachlicher Kommunikation, sondern schließt ebenso Körperlichkeit und Mimik, Berührungen, Kleidung und Handlungen mit ein.

Ehrliche Selbstdarstellung setzt ein gewisses Maß an Bewußtheit und Zielgerichtetheit in bezug auf die eigenen Bedürfnisse voraus. Das bedeutet jedoch nicht, daß ein Mann dauernd «alles im Griff» haben muß – diese Typen, die immer wissen, wo es langgeht, sind nicht besonders interessant, sie werden mehr recht als schlecht ertragen. Widersprüche, Unsicherheiten und das Anerkennen der eigenen Grenzen gehören naturgemäß dazu.

Beziehungen gestalten

Eine klassische Situation für Selbstdarstellungen ist das Kennenlernen: Wie mache ich an? Auch im weiteren Verlauf einer Beziehung finden fortwährend Verständigungsprozesse statt, zu deren Gelingen oder Scheitern die Selbstdarstellungen beider Partner maßgeblich beitragen. Eine besondere Rolle spielen sie in Krisensituationen und bei Trennungen. Wir werden hier und im zweiten Teil schwerpunktmäßig auf vier zentrale Elemente einer Beziehung eingehen: das Anmachen, das Schenken, den Beziehungsrat (am Beispiel der Eifersucht) und die Trennung.

Das Anmachen

Auf die Jagd kommt es an, nicht auf die Beute. Das Anmachen sollte in sich selbst schön sein und aus Spaß am Flirt gepflegt werden, als Spiel, als spannende, phantasievolle und interessante Begegnung. Eine eigenständige Kultur der Begegnung zu entwickeln, das Ungewöhnliche, den Reiz und die Erotik von Situationen zu genießen, ohne sexuellen Erfolg pauschal zur Bedingung zu machen, ist ein Meilenstein in der Entwicklung jeden Mannes.

Die meisten Männer meinen, sie müßten beim Anmachen unehrlich sein, Tricks verwenden, ihr tatsächliches Bedürfnis verschleiern und andere Absichten vorgeben. Maßlose Offenheit kann ebenso hinterhältig sein. Manche geben sich auch bevormundend, aufdringlich und angeberisch. All das führt zu widersprüchlichem, unproduktivem Verhalten, es verunsichert beide Seiten, was nicht selten negative Bandschleifen zur Folge hat. «Das wird eh nichts», sagen sich viele – und dann wird es auch nichts.

Anmachen meint: jemanden von sich überzeugen. Der Ausgangspunkt ist also nicht: «Was macht man in solchen Situationen», «ich will mit ihr schlafen, aber sie darf es nicht merken», «ich muß sie unbedingt herumkriegen» oder ähnliche Erwartungen. Der Ausgangspunkt ist: Wer bin ich, was will ich, wie weit möchte ich gehen, worauf kommt es mir an. Das muß ehrlich in der Selbstdarstellung enthalten sein, dann wird es auch positiv aufgenommen. Es gibt Männer, die weder besonders attraktiv sind noch über viel Geld, Macht oder außergewöhnliche Begabungen verfügen, die aber eines können, was sie bei Frauen erfolgreich sein läßt: sich direkt und überzeugend präsentieren, einfach und doch ästhetisch, ohne sich aufzuspielen und ohne daß die Frau das Gefühl bekommt, hintergangen oder ausgenutzt zu werden.

Viel zu wenige Männer führen ein authentisches, schönes und kunstvolles Leben. Authentizität ist nichts, das einem in die Wiege gelegt würde. Es geht darum, die eigene Rolle zu entwickeln und nicht eine fremde, und den Mut zu haben, diese ernsthaft auszuprobieren. Es geht darum, Begegnungen zu riskieren, gegen Widerstände anzukämpfen und sich nicht den naheliegenden Bequemlichkeiten, Rücksichten und Ängsten anzupassen. Gewiß keine leichte Aufgabe, aber eine der lohnendsten im Leben überhaupt.

Geschenke

Kinder schenken noch ohne Wertdenken: ein Zettelchen mit ein paar Kringeln, eine gefundene Feder, eine Nuß. Das, worauf es ankommt, liegt im Akt des Schenkens, nicht im materiellen Wert, im taktischen Kalkül oder in bloßer Nützlichkeit. Es geschieht spontan, ohne vorgegebenen Anlaß und, im Idealfall, ohne Berechnung.

Das Schenken stellt eine uralte soziale Einrichtung dar, einen elementaren Baustein der Kultur. Auf die enorme anthropologische und ökonomische Bedeutung der verschiedenen Formen des Schenkens einzugehen (z. B. Opfer, Belohnung, Schenkung, Tausch) würde hier zu weit führen. Wir wollen lediglich zur Klärung der persönlichen Praxis, Geschenke zu machen und anzunehmen, beitragen.

Ob wir spontan oder zu einem äußeren Anlaß (Geburtstag, religiöses Fest) schenken, aus heiterem Himmel oder aus Dankbarkeit für etwas: wir sollten gern schenken oder gar nicht. Geschenke, die kein Gefühl übermitteln, sind verlogen. Nicht nur auf seiten des Gebenden, auch beim Beschenkten sollten Gefühle beteiligt sein. Schenken ist Teil einer Kultur der Aufmerksamkeit und Hingabe an andere Menschen. Überflüssig zu sagen, daß es nicht auf den Aufwand und die Kosten ankommt, Gefühle lassen sich nicht in Geld ausdrücken. Es kann jemand mit teuren Geschenken bombardiert werden und gerade darüber todunglücklich sein. Geschenke sollten beide Seiten euphorisch stimmen, nicht beleidigen (einen Korb kriegen!), befreiend wirken und nicht abhängig machen, berühren, nicht nur lächerlich erscheinen. Ziel ist, dem Beschenkten eine Freude zu machen, nicht, ihn erziehen zu wollen: Wer unpünktlich ist, kriegt eine Uhr – das kann jede Freude verderben. Je deutlicher derartige Hintergedanken, um so schwieriger die Situation.

Auch Geschenke sind Selbstdarstellungen, sie zeigen dem anderen, daß ich etwas für ihn empfinde, an seinem Leben Anteil nehme. Schenken sollte ein göttliches Spiel sein, keine lästige Pflicht, ein Vergnügen, kein Streß, eine rituelle Handlung, keine mechanische. Geschenke sind etwas Besonderes.

Nicht selten schenken wir etwas, das wir auch selbst gerne hätten. Es empfiehlt sich, darauf zu achten, wen ich eigentlich beschenken möchte: den anderen oder mich selbst. Denn auch das gehört dazu: sich selbst ein Geschenk machen, sich selbst verwöhnen. Das kann sich auf die Gegenwart beziehen, aber auch auf die Vergangenheit, auf die Kindheit, das eigentliche Land der Wünsche. Falls einem als Kind bestimmte Begehren nie erfüllt wurden, die Sehnsucht danach aber beim inzwischen Erwachsenen in einem Winkel seines Herzens hartnäckig fortbesteht, hilft nur eines: sich den Wunsch selbst erfüllen, sich die Ritterburg, die Autorennbahn oder die Reise zum Amazonas in einem bewußten, liebevollen Akt zu gönnen. Nicht immer muß die Begierde im nachhinein ganz und gar gestillt werden, oft genügt ein symbolischer Teil, eine Lokomotive stellvertretend für die ganze Eisenbahn. Drachen muß man füttern, damit sie Ruhe geben.

Eifersucht: Abschied von der Allmacht

Die Liebe ist selbst ein Geschenk. Mit ihr sind weder Besitz noch Ansprüche noch Rechte verbunden. Sie geschieht ihrem Wesen nach freiwillig und bedingungslos. Wie schwierig das jedoch in die Wirklichkeit umzusetzen ist und wie wenig Liebe und Beziehungen oft miteinander zu tun haben, zeigt sich nirgends so deutlich wie bei der Eifersucht.

Wären wir in allem auf einen einzigen Partner angewiesen, bliebe unser Leben notwendig defizitär. Ein Mann allein vermag eine Frau gar nicht vollständig zu befriedigen, sie kann mehr an Zuwendung, Gefühl, Energie und Sexualität vertragen, als er ihr geben kann. Das Haremsklischee, daß ein Mann fünf oder zehn Frauen täglich beglücken kann, ist Unfug. Eine Frau hingegen kann das durchaus realistisch denken, darf es aber in fast allen Gesellschaften nicht leben.

Am Beginn der Auseinandersetzung mit Eifersucht und verwandten Gefühlen steht also die nicht unbedingt angenehme, aber realitätsgerechte Einsicht in die eigene Begrenztheit. Nobody is perfect – auch wenn ich ein wesentlicher Teil ihres Lebens bin, immer gibt es andere Männer, manchmal sogar bessere.

Der übliche Weg ist der, andere Männer als Konkurrenten zu bekämpfen – eine Einstellung, die meist keinen Erfolg bringt: ihn strengt es an, sie ärgert es, er verbaut sich eine möglicherweise interessante Männerbekanntschaft, sie wird zu Heimlichkeiten angestachelt, und der andere läßt sich ohnehin nicht beeindrucken.

Eine weniger destruktive, erwachsenere Alternative wäre die, den anderen als Ergänzungspartner einzubeziehen. Das muß nicht heißen, daß man zu dritt ins Bett geht, aber auch das ist möglich. Wichtig ist in jedem Fall ein aktiver Umgang mit der heiklen Situation. Es ist an ihm, ihr Freiräume zu ermöglichen. Es wäre falsch und unfruchtbar, den Ärger zerknirscht auf sich selbst abzulenken oder sich als Gebieter aufzuspielen und der Partnerin Vorwürfe und Vorschriften zu machen. Es bringt auch nichts, die neue Konstellation zu ignorieren: «Mach' es, aber ich will nichts davon wissen.» Im

Gegenteil, es ist wichtig, daß er davon weiß und selbst Anteil am Arrangement hat, nur das schafft die Vertrauensbasis, daß sie ihre Freiheit auch wahrnehmen kann. Er muß sich an ihrem Wohlgefühl freuen können, ihren Willen akzeptieren, bejahen, daß es ihr damit gutgeht.

Wo liegen die Grenzen zur Selbstverleugnung, zum Masochismus? In jeder Partnerschaft sind die Grenzen anders gezogen. Doch es gibt unsichtbare Schranken, die für beide Partner individuell gut spürbar sind. Wer wird wann vom anderen ausgenutzt und hintergangen? «Das war aber nicht gemeint.» Dieser Punkt ist freilich nur dann auszumachen, wenn die Partner generell authentisch und ehrlich miteinander sind. Dann ist Beweglichkeit vorhanden, dann sind neue Absprachen möglich. Ein derartiger «Beziehungsrat» findet in fast allen Partnerschaften auf die eine oder andere Weise statt, wenn auch mit sehr unterschiedlichem Erfolg.

Autonomie und Liebe

Im Fall der Eifersucht: Was wir an Macht verlieren, gewinnen wir an Freiheit, und umgekehrt. Auch er profitiert von ihren Freiräumen. Er muß sich nicht ständig gefordert fühlen und kann sich um seine eigenen Interessen kümmern. Zahlreiche kleine und große Konflikte resultieren aus einem typisch männlichen, totalitären Anspruch, der derartiger Gelassenheit entgegensteht.

Das Lustprinzip aber bezieht sich auf die Wirklichkeit, auf das, was real war und ist, und nicht auf das, was uns gerade fehlt. Lust ist in jedem Stadium einer Beziehung möglich, das bedeutet nicht, daß alle Wünsche gleichzeitig erfüllt werden.

Die Klärungshelfer

Krisensituationen müssen nicht immer allein oder zu zweit bewältigt werden. Bei ernsten Unstimmigkeiten kann ein Klärungshelfer nützlich sein. Im Ansatz wird das durchaus praktiziert: jeder spricht mit Freunden, Vertrauten oder mit der Familie über persönliche Schwierigkeiten. Dieser Austausch läßt sich dadurch aufwerten, daß der- oder diejenige eigens dazu eingeladen wird, als Vermittler tätig zu sein. Zu dritt werden die wunden Punkte des Verhältnisses erörtert, um zu einem Ergebnis zu kommen. Eine entsprechende Einrichtung war einmal die Person des Trauzeugen und der Trauzeugin, die zu Unrecht stark an Bedeutung verloren hat. Als Vertraute und Fürsprecher betreuen die Trauzeugen das Paar und den Ehevertrag, eine Rolle, die in anderen Kulturen noch stärker und detaillierter ausgeprägt ist.

Trennungen

Beziehungen müssen prinzipiell auflösbar sein. Die Sucht nach Beständigkeit führt dazu, daß Partnerschaften, die keinem von beiden mehr bekommen, jahrzehntelang aufrechterhalten werden, obwohl sie längst nicht mehr befriedigen. Als Warnsignal dient das Lustprinzip: Wenn die Partnerschaft einem von beiden oder gar beiden keine Lust mehr bereitet, ist der Zeitpunkt gekommen, ernsthaft über eine Trennung nachzudenken. Fixierungen sind möglichst von Anfang an zu vermeiden. Bei aller Intensität der Beziehung sollte das Bewußtsein der eigenen Autonomie und der Existenz vieler möglicher Partnerinnen nicht verlorengehen.

Die Annahme, daß ich nur aufgrund der persönlichen Eigenheiten eines anderen Menschen glücklich wäre, ist eine Illusion.

Bei Trennungen verhalten wir Menschen uns derart blind,
irrational und egoistisch, wie uns das sonst, spiegelbildlich
gesehen, nur in der Verliebtheit passiert. Nur daß nun keine
schöpferischen, sondern zerstörerische Energien freiwerden.
Viele können nur dann auseinandergehen, wenn sie noch
möglichst viel kaputtmachen – sich selbst, den Partner, andere Menschen oder Dinge. Sie entwickeln ein starres, un-
beugsames Verhalten, weil sie, wenn etwas zu Ende geht,
darin nur Tod und Vernichtung sehen können, aber nicht den
Übergang in etwas Neues. Demgegenüber wollen wir dazu
anregen, Beziehungen ohne gewaltsame Beschädigungen
aufzulösen, damit nicht Haß geweckt wird, sondern Neu-
gier.

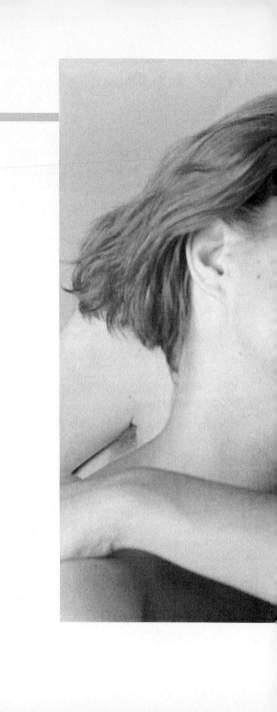

Sexualität in der Partnerschaft

Eine häufige Erfahrung: Wenn ein Mann die ersten Male mit einer neuen Partnerin zusammen ist, ist er am stärksten erregt. Wird aus der Affäre eine Partnerschaft, verflacht das Begehren, das Interesse und die Kreativität lassen nach. Lust will entfaltet werden. Um Erotik auf Dauer zu leben, muß man sie aktiv pflegen, sie zusammen mit dem Partner entwickeln und immer wieder neu genießen. Es gibt in der Sexualität mehr Möglichkeiten, als sich der einzelne selbst gestattet. Er weiß es zwar, möchte vielleicht das eine oder andere auch kennenlernen, probiert es aber nicht ernsthaft aus. Es ist viel mehr da, als wir nehmen.

Wir müssen Lust lernen. Wie mache ich Lust, für mich, für andere. Männer wissen von sich selbst schon nicht sehr viel und von Frauen noch weniger. Bücher können dazu nur einen kleinen Beitrag leisten, denn Lust will erfahren, nicht gelesen werden. Sinnvoller ist es schon, mit Frauen direkt über Lust zu sprechen. Nicht unbedingt mit einer, die man noch nicht so gut kennt oder mit der man ins Bett gehen möchte, denn dabei ergibt sich häufig wieder nur verdecktes, manipulierendes Reden. Es kann nur positiv sein, wenn ein Mann mit mehreren Frauen Beziehungen unterschiedlicher Qualität pflegt. Er braucht Freundschaften zu Frauen verschiedenen Alters, mit denen er frei sprechen kann, ohne daß diese sich in eine Affäre verstrickt sehen, weil sie ihm geheime Kenntnisse ihrer Lüste anvertrauten.

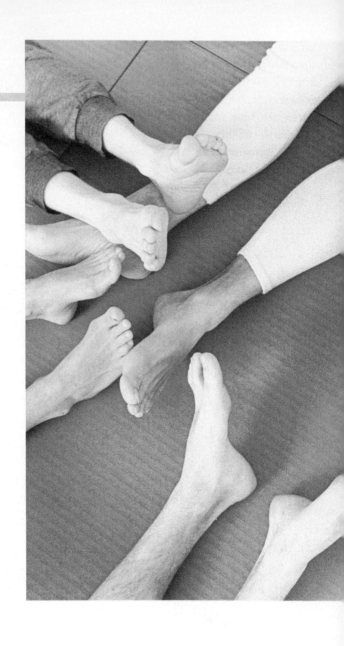

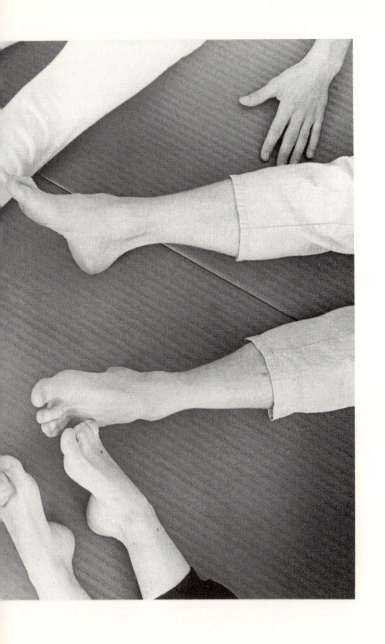

Die Männergruppe

Männer wissen wenig voneinander. Ein geistiger Austausch findet zwar statt, der Austausch von Know-how, von Theorien, von Behauptungen. Was jedoch viel zu wenig geteilt wird, sind Sinnlichkeit und Gefühle.

Zu selten sprechen Männer offen darüber, wie sie Partnerschaften erleben, wie sie konkret mit ihrer Lust umgehen, welche intimen Erfahrungen sie gemacht haben. Dabei könnte ein Mann sich darüber mit Männern oft besser verständigen als mit Frauen, Frauen gegenüber wird noch mehr gelogen. Er kann sich im anderen spiegeln, erfährt, daß er mit seinen Schwierigkeiten nicht allein steht, er lernt Aufmerksamkeit und Solidarität. Gruppen bieten eine Möglichkeit, modellhafte Erfahrungen mit anderen Männern zu machen.

Was hindert Männer an intimer Vertrautheit? Solange so vieles offenbleibt, bestehen gegenseitige Unsicherheiten, Projektionen verstellen den unbefangenen Blick. Der andere wird als möglicher Konkurrent auf Distanz gehalten. Oder man befürchtet ein Abgleiten in die Homosexualität. So stark das Interesse an Zärtlichkeiten mit anderen Männern sein mag, stärker ist die Angst vor der tatsächlichen Begegnung. Dabei gibt es, wenn es tatsächlich zur Erotik kommt, gar nichts zu verlieren. Zwar kann vielleicht nicht jeder dadurch etwas gewinnen, doch Nähe ist in jedem Fall ein Plus, Ängste werden abgebaut, die erotische Erfahrung bereichert. Zumindest Vorlust sollte mit beiden Geschlechtern möglich sein.

Tantra

Tantra lehrt Liebe. Tantra lehrt Sex. Tantra lehrt die Einheit von beidem.

Tantrische Sexualität ist Mittel und nicht Zweck – Mittel zur Erfüllung körperlicher Lust, zur Freisetzung der lebensspendenden inneren Kräfte und zur Einführung in das mächtige Reich des Geistes. In der Lusterfahrung verschmelzen Körper und Geist, steigern sich zu einem vollkommenen Glücksgefühl. Lust ist nicht länger etwas, das man tut, sie wird zu etwas, das man ist.

Tantra lehrt das vollständige Annehmen unserer Sehnsüchte, Gefühle und Lebenssituationen. Tantra entfaltet die sexuelle Energie, die stärker ist als jede andere, einfach weil sie die grundlegende Energie allen Lebens ist.

Tantra pflegt die Hingabe an die Natur, an die Menschen, an die Arbeit, an Liebe, Sex, Essen, Trinken, an Geburt und Sterben. Unser Körper, so sieht es die indische Mythologie, ist wie ein Schiff, das uns auf den Weg zur Erleuchtung bringt, uns ermöglicht, aus der Fülle des Daseins heraus geistig schöpferisch zu sein. Das Leben gilt als das einzig wirklich Wertvolle. Aus der tiefen Erfüllung des Seins erfährt es seine Transzendenz ins Ewige.

Über den Ursprung des Wortes Tantra gibt es verschiedene Theorien, möglicherweise kommt es von dem Sanskritwort «Tan», was etwa bedeutet: sich ausdehnen, sich erweitern. Oder es ist von dem Sanskrit-Verb «tantori» = weben abgeleitet und meint die Essenz, den Kern, das innerste Wesen. Es handelt sich nicht um eine festumrissene Religion oder Philosophie, sondern um eine zweitausend Jahre alte, daseinsbezogene Lehre und Lebenspraxis. Tantra ist schon Bestandteil der ältesten indischen Weltsicht, alle späteren hinduistischen und buddhistischen Lehren haben aus dieser Quelle geschöpft, haben Rituale übernommen und Begriffe gepflückt. Für uns heute muß dies keine abstrakte Tradition bleiben, Tantra beruht auf Prinzipien, die gerade in der modernen Gesellschaft großen Wert und praktische Bedeutung besitzen.

Mit allem verbunden

Der Weg des Tantra ist der Weg der Erfahrung. Erfahrungen machen wir nur durch bewußtes sinnliches Erleben, nicht durch analytische Als-ob-Prozesse. Tantra lehrt, daß wir zur Erleuchtung nur mit und durch die Sexualität gelangen, aber nicht ohne oder gegen sie. Wodurch wir angeblich fallen, steigen wir in Wirklichkeit. Oft vermeiden wir Sexualität oder kultivieren sie nicht, vielleicht, weil sie schwieriger zu kultivieren ist als die Geistigkeit oder der Erwerbstrieb. Tantra kann uns helfen. Es gibt für diese Lehre keine Ausschließungen, keine Vorurteile über Geschlecht, Rasse, Alter, Beruf, Religion oder Aussehen: alles kann schön und lustvoll sein, wenn wir im Zentrum unserer eigenen Lust ruhen. Was unserem Leben Qualität verleiht, ist nicht die willkürliche Trennung in Gut und Böse, sondern das Gefühl, mit allem verbunden zu sein. Der Schlüssel zu diesem Gefühl ist die Sexualität. Der Weg zur Erweckung der Seele führt über den Körper.

Von Liebe getragen

Sexualität ist freilich nur ein Ausdruck des Menschen in seiner Gesamtheit. Das Glück, das sie uns lehrt, kann zum Grundmuster unseres Daseins werden, kann dazu beitragen, daß wir die Welt mit der Fülle unserer Sinne und in voller Bewußtheit bauen. Nur die lebendige Wahrnehmung führt uns zu positiver Gestaltung. Qualitäten entstehen, indem wir ohne Tabus und falsche Scham die eigene Stärke und Schönheit entwikkeln, den Stern in uns zum Leuchten bringen. Tantra ist nicht etwas, das wir gelegentlich für schöne Stunden praktizieren, sondern etwas, das unsere ganze Existenz und unsere Umwelt trägt und beeinflußt. Die Welt wird zu einem phantastischen Spiegel. Wenn unser Leben nach Qualitäten sucht, werden alle Handlungen zum Ritual, zur Beschwörung, alle haben sie Bedeutung, alle sind sie von Liebe getragen. Es gibt keinen Grund mehr, leere Handlungen zu vollziehen.

Tantrische Spiritualität

Zu einem ganzheitlichen Leben gehört auch das Bewußtsein des Todes. In der indischen Mythologie erinnert Kali, die schwarze Göttin, fortwährend und beunruhigend an Alter, Häßlichkeit, Schmerz, Niederlage, Tod und Wandlung. Sie fordert unseren Mut heraus, wir können ihr nicht ausweichen, müssen versuchen, auch die Gegenwart des Todes auszuhalten und in den Fluß eines erfüllten Lebens zu integrieren. Eine berühmte Pflanze versinnbildlicht diese Problematik: der Lotos, der mit langem Stiel und einer Wurzel, die größer als die Blüte ist, im Abfall, im Verwesungssumpf am Grunde eines Sees wurzelt, unten, wo Tod und Wandlung sind. Nur ein kleiner Teil des Lotos ragt über das Wasser und erblüht nur kurze Zeit. Wir wollen meist nur diese Blüte sehen, erklären sie für schön und edel und vergessen, daß ohne Stiel und Wurzel, ohne Sumpf und Verwesung keine Blüte wäre.

Ob Kali oder Shiva, Vishnu oder Ganesha – alle hinduistischen Gottheiten veranschaulichen die Göttlichkeit des Lebens. Sie liegt in uns, nicht außerhalb. Ein altes tantrisches Sprichwort sagt: Ich kann Gott nicht verehren, wenn ich nicht Gott bin.

Tantra fordert uns auf, in uns selbst wie in jedem anderen Lebewesen den göttlichen Aspekt zu erkennen, zu ehren und bei unserem eigenen Körper als unserem Tempel damit zu beginnen. Wir selbst sollen ihn tanzen, den Tanz Shivas, den Tanz des Lebens, den Tanz zur Erschaffung der Formen. Es kommt nicht auf kunstvolles Ballett oder perfekte Artistik an, sondern auf die Empfindung der Bewegung, die gleichzeitig etwas Natürliches ist und etwas Geistiges ausdrückt.

Unsere eigene Initiative bereitet den Weg. Es ist nicht der Partner oder die Partnerin, die die Lust bringen – wir erzeugen unsere Lust selbst. Sie entsteht unabhängig davon, ob wir sie alleine, zu zweit oder zu mehreren erleben.

Indem wir uns selbst begegnen,
begegnen wir der Welt.

Die Kunst der Hingabe

Liebe ist eine Kunst, sie ist unsere eigene Schöpfung. Das setzt voraus, daß das Bewußtsein und die Qualität der Vereinigung verändert werden und diese länger, viel länger andauert als gewöhnlich. Dabei opfern wir die Vielfalt der Lustgefühle nicht mehr für einen hastigen Orgasmus, sondern verlängern und steigern ihren Genuß. Kurz vor dem Höhepunkt entspannen wir uns und beginnen immer wieder neu. Wir reiten auf der Welle der Lust. Das geschieht aus dem Gefühl heraus, mit allem verbunden und einverstanden zu sein – ein fortdauerndes, zeitloses «Ja» von Sonnenaufgang bis Sonnenuntergang, von Sonnenuntergang bis Sonnenaufgang.

Tantra ist ein Weg, die auseinanderdriftenden Kräfte von Gefühl und Geist, Körper und Seele wieder zu einen, sie zu etwas Neuem, Ganzheitlichem zu verschmelzen, so wie Samen und Ei zu einem neuen Lebewesen verschmelzen. Das Prinzip der Hingabe führt den Menschen dazu, daß er sein Leben und seine Lust aktiv gestaltet und mit anderen in einen Austausch tritt. Diese Erfahrungen erweitern wiederum sein Bewußtsein. Die Einheit von Sexualität und Liebe, Sinnlichkeit und Spiritualität kann wiederhergestellt werden. Hingabe ist unabhängig von ihrem Empfänger: ob ich mich einem Baum oder einem anderen Menschen hingebe, einer Musik, einer Kerzenflamme oder mir selbst – stets bin ich vom selben Gefühl erfüllt: von der allgegenwärtigen, intensiven und unaufhörlichen Erotik des Lebens.

Rollenbilder haben großen Einfluß darauf, wie wir handeln, urteilen und fühlen. Sie setzen sich aus archetypisch, familiär und gesellschaftlich geprägten Bildern zusammen. Grundsätzlich gibt es zwei Möglichkeiten für die Entwicklung dieser Vorstellungen: entweder entstehen sie direkt durch persönliches Erleben – also durch Familienangehörige, Nachbarn, Lehrer, Bekanntschaften – oder indirekt über Medien wie Bücher, Filme, Zeitungen.

Fixierungen auf nur ein Rollenbild erzeugen notwendig Defizite. Meist werden für verschiedene Lebensbereiche verschiedene Vorbilder benannt, so etwa für Erfolg und gesellschaftliches Ansehen, Spiel und Sport, die Rolle des Liebhabers und die Sexualität, Partnerschaft und Familienleben, Wissen und Bildung.

Notiere die wichtigsten Rollenbilder, die dich im Laufe deines Lebens begleitet haben, denen du nachgeeifert hast. Beschreibe, aufgrund welcher Eigenschaften sie diese Faszination ausübten und immer noch ausüben. Ist in den Rollenbildern die Erotik gehemmt oder forciert? Wieweit wurdest du überhaupt über ihre Sexualität informiert?

Das läßt sich auch gut über eine Partnerübung herausfinden: schildere einer Partnerin plastisch und in allen Einzelheiten das tatsächliche oder vermutete Liebesleben deiner Rollenvorbilder und stelle es mit ihr theatralisch dar.

In den meisten Fällen zeigt sich: Es fehlt an sexuellen Vorbildern. Die unklare oder idealisierte Erotik der herkömmlichen Idole wirkt sich auf viele Lebensbereiche nachteilig aus, der Übergang vom Rollenbild in die Realität kann nicht stattfinden.

Als klassische Pole für männliches Verhalten stehen

Don Juan	der Patriarch
unstet, untreu	treu und abhängig
der Eroberer	sublimiert seine Sexualität
einseitig sexuell	im Extremfall bis zur
	Impotenz
auf Nahziele ausgerichtet	hat den Überblick
Angst vor Nähe,	sucht Sicherheit und
Verantwortung,	Beständigkeit
Intimität, Beständigkeit	scheut Veränderungen
unfähig zur Bindung	hat Verlustängste
Illusion einer Idealfrau nach	lebt resigniert und
	bequem.

Wieviel von diesen Klischees entdeckst du in deinem Leben? Welche Seite ist deutlicher ausgeprägt (Prozentangaben)?

Stelle klar fest, wieweit der Inhalt der Rollenbilder für eine erfüllte Liebesbeziehung ausreicht und wo die Defizite liegen. Ein Durchbrechen der Rolle bedeutet, daß eingefleischte Gewohnheiten abgelegt werden.

Versuche aufgrund der bisherigen Erfahrungen ein positives, ganzheitliches Männerbild zu beschreiben.

Die Rolle des Vaters

Ein besonders wichtiges Rollenbild vermittelt natürlich der eigene Vater. Sein Verhalten als Mann prägt uns, indem wir es gleichzeitig kopieren und verändern. Wie bei anderen Vorbildern auch bleibt die Sexualität des Vaters nicht selten im unklaren.

Beantworte dir folgende Fragen:
- Hast du sexuelle Untreue deines Vaters erfahren?
- Hast du ihn nackt gesehen und gespürt?
- Hast du deine Eltern beim Sex erlebt?
- Wie schätzt du die Potenz deines Vaters ein?
- Hast du einmal mit deinem Vater Frauen angemacht?
- Warst du mit ihm gemeinsam tanzen?
- Welche Spiele hast du mit ihm gespielt?
- Wie waren die Macht- und Gewinnverhältnisse?
- Was würdest du noch gerne mit ihm zusammen unternehmen?

Versetze dich an die Stelle deines Vaters, und laß ihn einen Brief an dich schreiben.

Der Brief sollte eure Beziehung charakterisieren und die Wünsche und Ängste des Vaters ausdrücken. Grundton: «Was ich dir schon immer einmal sagen wollte.» Schicke diesen Brief an dich selbst ab.

Stelle fest, in welchen Bereichen dir dein Vater als Vorbild und in welchen er als Feindbild dient.

Selbstverständlich gibt es auch negative Rollenklischees: die Feindbilder.

Hochzeit oder Scheidung?

Da die meisten Rollenbilder sich während der Kindheit und Jugend einprägen, sind sie stark in uns verwurzelt und nicht ohne weiteres veränderbar. Ihre Korrektur ist nur in einem bewußten, geduldigen Prozeß möglich, der durch symbolische Handlungen unterstützt wird. Dazu benötigst du auch ein Objekt, das das Vorbild repräsentiert, ein Photo, eine Abbildung, einen Brief, einen persönlichen Gegenstand. Je nach Intention, ob du dich von einem ungenügenden Vorbild trennen oder dich mit einem positiven verbinden willst, gibt es unterschiedliche Wege:

- Hochzeit: symbolische Trauung, eine Zeremonie, die Übereinstimmung und Verbundenheit ausdrückt. Ausstellen der Hochzeit (Photo, Collage, Fetisch)
- Scheidung: trennen, lösen, zerreißen, zerstören, verbrennen
- Tod: beerdigen, trauern, Abschied nehmen, etwa durch einen Brief
- Verschmelzung: zum Beispiel als Collage, als Januskopf, als Zwillinge
- Verbrüderung: Austausch und Versöhnung, besonders mit ambivalenten Bildern (klassisches Beispiel: Winnetous Blutsbruderschaft)

Schreibe auf, was du an anderen Männern schlecht findest, was dich ärgert, was du bekämpfst. Inwieweit findest du diese Eigenschaften bei deinem Vater? Inwieweit entsprechen sie dir selbst?

Ein Wechsel der Rollenvorstellung zieht automatisch auch andere Menschen an, alte Beziehungen enden, neue beginnen.

Weibliche Rollenklischees

Männlichkeit lernen Männer zunächst über das Rollenbild des Vaters kennen, Weiblichkeit über das der Mutter.

Weibliche Rollenklischees sind nicht weniger polarisiert als männliche, was bei den einen Don Juan und Patriarch, dem entspricht auf der anderen Seite die Heilige und die Hure. Die «Heilige» wird ebenso als asexuell charakterisiert wie die mit ihr verwandten Rollentypen der Mutter, der Jungfrau, der Heldin und der Weisen. Die «Hure» dagegen gilt als ausgesprochen sexuell, ebenso die Hexe, die Widerspenstige und, weniger stark, die Kassandra, die Unglücksbotin. Zur ersten Typologie gehören zum Beispiel die häusliche Ehefrau, die treue, verläßliche Gefährtin, die fromme Helene, die Nonne, die Witwe und die Frauen in helfenden Berufen. Zur zweiten Gruppe die Geliebte, die Schöne als gesellschaftlich vorzeigbares Objekt, das Rasseweib, die femme fatale, die Emanze, die Amazone.

Weibliche und männliche Klischees bedingen einander und ziehen sich in der Praxis an: die Hure den Don Juan, die Heilige den Patriarch. Die Defizite beider Rollentypen sind offenkundig, beiden gemeinsam ist beispielsweise die Angst vor der Hingabe. Die Madonna will sich ihre Makellosigkeit so lange bewahren, bis «der Richtige» kommt, und die Hure gibt sich jedem zum Schein hin, ebenfalls in der Hoffnung, daß einmal «der Richtige» kommt.

Asexuelles Verhalten und damit Angst vor dem Leben werden so lange immer ausgeprägter, bis man / frau regelrecht davon erlöst werden, was freilich nicht oft geschieht. So reproduzieren sich denn Rollenbilder und Verhaltensweisen unter Umständen über Generationen hinweg.

Bewußte Sexualität

Die Hürden

Auf dem Weg zu einer bewußten, selbstbestimmten Sexualität gibt es zahlreiche Hindernisse zu lösen. Zum Beispiel:

- erfahrene oder eingebildete Demütigungen und Peinlichkeiten
- Selbstlust nur als Ersatzbefriedigung zu sehen und zu praktizieren
- Angst vor Abweisung
- Kompensationen (Essen und Trinken), Flucht in die Neurose, Leiden statt Lust, psychosomatische Reaktionen
- Hemmungen, «coole» Umgangsformen, Angst
- frühkindliche Reinlichkeitserziehung: übertriebener Zwang zur Sauberkeit führt zu überzogenen Scham- und Ekelgefühlen und negativen Körperwahrnehmungen

Schreibe auf, welche Schwierigkeiten du bei der Verwirklichung deiner Sexualität erlebst. Nenne die dabei zutage tretenden Blockaden beim Namen und versuche, dich von ihnen zu verabschieden.

Die Ziele

Angestrebt wird statt dessen eine Haltung, die sich durch folgende Punkte charakterisieren läßt:

- Ich bewerte Körperlichkeit und Erotik positiv und fühle mich rundum wohl dabei
- Ich bejahe Selbstlust als Lustbefriedigung
- Ich zeige Mut zur Lust, gestatte mir alle Worte und Geräusche beim Sex. Ich versuche, Spannungen zu lösen und meine Atmung zu intensivieren. Lustäußerungen sind oft ekstatisch: Ich lasse die Energie frei, sie ist natürlicher Ausdruck meiner Lust.
- Ich lebe nach dem Lustprinzip.
- Ich verstehe Sexualität als etwas, für das ich selbst die Verantwortung trage. Ich bin das Zentrum meiner Lust.

Schreibe auf, was Sexualität bedeutet. Notiere in Form positiver Aussagen, welche Ziele du dabei verwirklichen möchtest. Spreche dir diese Sätze mehrmals täglich vor und handle danach.

Selbstlust

Selbsterfahrung mit dem eigenen Körper ist die Voraussetzung zur Kenntnis und Entfaltung der Lust. Selbstverachtung wirkt dagegen destruktiv. Man kann nur so viel Lust mit anderen teilen, wie man selber hat. Die Kultivierung der Selbstliebe kann niemand für uns übernehmen. Sie ist ein eigenständiger Genuß, keine Ersatzbefriedigung. Handle stets mit Achtung und Aufmerksamkeit vor dir selbst, genieße die Lust, ohne Angst, daß sie dir jemand wegnimmt oder dich dafür bestraft – du tust recht damit.

Selbstlust kann durch viele Elemente bereichert werden. Die einzige Voraussetzung ist, daß du dir Zeit dafür nimmst. Du solltest verschiedene Stellungen ausprobieren (sitzen, liegen, knien, hocken, stehen), alle Körperregionen stimulieren und einbeziehen, Stimme, Geräusche oder Gesang freilassen. Du kannst deine Umgebung schöner gestalten: mit Gerüchen, sanfter Musik und Lichteffekten. In kleinen Mengen auch mit Speisen und Getränken. Hilfsmittel wie Penisring, Dildo oder erotischer Schmuck können verwendet werden und natürlich auch Gleitmittel.

Unterbrechungen sind durchaus möglich. Insgesamt kommt es darauf an, die Vorlust deutlich zu verlängern, nicht hektisch allein nach dem Höhepunkt, der Ejakulation, zu streben, sondern die Erregung die ganze Zeit über zu genießen. Dabei spürst du die nachhaltige Zunahme der erotischen Energie und das Gefühl des Wachsens. Allein die Vorstellung des Anschwellens bewirkt ein tatsächliches Anschwellen.

Lust ist immer vorhanden, doch häufig lassen wir sie nicht zu. Ein Wechsel der Situation, eine kleine Veränderung, kann die Lust bereits wieder aktivieren.

Selbstlust mit Partner

Gegenseitige Stimulierung ist Teil fast jedes Liebesaktes. Sich dagegen in Anwesenheit des Partners selbst zu befriedigen erscheint vielen Menschen als problematisch. Abgesehen vom eigenen Schamgefühl, fürchtet man, als egoistisch

65

zu erscheinen oder die Moralvorstellungen des Partners zu verletzen.

Wir sollten trotzdem den Mut aufbringen, den Partner unsere eigene Lust miterleben zu lassen, vielleicht interessiert ihn gerade das. Es können sich beide Partner auch gemeinsam stimulieren, zum Beispiel Rücken an Rücken sitzend. Mit dem Austausch unserer eigenen Lust signalisieren wir: «Ich bin o. k. – du bist o. k.»

Orgasmuskontrolle

Die Kontrolle über den eigenen Orgasmus ermöglicht eine natürliche Steigerung der Lust. Orgasmuskontrolle verbessert sowohl die Qualität der Selbstlust als auch die Sexualität mit Partnern. Da Frauen die Vorlust meist länger und intensiver genießen als Männer, kann das Feuer der Vereinigung überhaupt erst durch Kontrolle des männlichen Orgasmus zu voller Stärke entfacht werden. Orgasmuskontrolle bewirkt, daß sich der Mensch mit Energie auflädt und der gesamte Körper von Lust erfüllt wird.

Orgasmuskontrolle läßt sich am besten während der Selbstbefriedigung ausprobieren. Kontrolliere zwölfmal hintereinander. Dazu brauchst du Aufmerksamkeit und unter Umständen etwas Übung. Konzentriere dich auf deinen Körper und seine Lustäußerungen, indem du dich vor einem Spiegel stimulierst, bewußt die eigene Hand, Haut und Stimme spürst. Öffne den Afterschließmuskel, damit die natürliche Tiefatmung einsetzen kann. Entscheidend für eine Atmung ist nicht das Ein-, sondern das Ausatmen, das gleichmäßig und vollständig sein soll. Stimuliere dich so lange, bis der Orgasmus naht. Dann unterbrichst du die Bewegung, entspannst dich, um dabei möglichst an nichts zu denken. Benutze ein Mantra, eine Art Ursilbe, bei der es weniger auf den Inhalt als auf die reine Äußerung, auf den Akt des Singens selbst, ankommt. Die Konzentration auf den klaren Laut des Mantras und die durch das Singen harmonisierte Atmung befreien Geist und Körper von störenden Einflüssen. Die Schwingungen üben eine leichte innere Massage aus.

Das bekannteste Mantra ist die Silbe «OM», mit langem «o» und nicht zu kurzem «m». Beispiele für längere Mantras sind das Mantra zur Erweckung der Energien und der Wahrnehmung, «OM – AHDI – OM», und das Mantra der Kontrolle, «PAH – DAH – O – MAH».

Ein Mantra unterstützt die Steuerung des Orgasmus, da es im Moment der Kontrolle eine Zäsur setzt, die das Zurückhalten erleichtert und vor allem den Geist von Bildern befreit. So wird die Geilheit kurz vor dem Höhepunkt gezügelt. Sobald du ruhiger geworden bist, kannst du weiter stimulieren beziehungsweise mit dem Liebesspiel fortfahren und so die immer intensiver und umfassender werdende Lust genießen. Wenn du öfter übst und dich durch das Mantra gewissermaßen selbst konditionierst, wirst du feststellen, daß die Kontrolle immer leichter und zuverlässiger gelingt.

Öle und Gleitmittel

Für den Genitalbereich eignen sich kaltgepreßte Öle ohne Geruchs- oder Konservierungsstoffe – zum Beispiel Jojoba-

Öl, Distel-, Nuß- oder Weizenkeimöl –, die es in Apotheken und Drogerien gibt. Auch eine bestimmte Form von Vaseline, die sogenannte Arznei-Vaseline, ein weißgraues Präparat, ist praktisch und hautverträglich. Öle und Vaseline sollten nicht zusammen mit einem Präservativ verwendet werden, da es zwischen Öl und Gummi zu Reaktionen kommen kann, die die Haut reizen. Die meisten Präservative sind ohnehin mit einem Gleitmittel versehen.

Spiegelritual

Beim Spiegelritual handelt es sich um einen Wahrnehmungsprozeß, der die Aufmerksamkeit in positiver Weise auf den eigenen Körper lenkt und ihn wie einen Tempel ehrt. Indem wir uns berühren und betrachten, erfassen wir unsere Natürlichkeit, Schönheit und Eigenart. Wir gewinnen erhöhte Aufmerksamkeit für Gesicht, Geschlecht und Gestalt und treten in einen Dialog mit unserer Erscheinung.

Du stehst oder kniest nackt vor einem großen Spiegel. Sammle dich und atme tief, ruhig und gleichmäßig. Langsam streichst du mit beiden Händen vom Scheitel bis zum Geschlecht und benennst dabei die Körperteile, die du berührst. Also: dies ist mein Kopf, dies sind meine Augen, dies ist meine Nase und so weiter.

Konzentriere dich auf dein Spiegelbild und auf die Empfindungen deiner Hände. Die Übung wird mehrfach wiederholt, zunächst mit offenen Augen, dann mit geschlossenen. Schließlich fahren die Hände wieder den Körper hinab, aber diesmal ohne Berührung, die Berührung findet nur in der

Phantasie, in der Erinnerung statt. Jedesmal benennst du die Körperteile und vergegenwärtigst dir, wie sie sich anfühlen. Zum Abschluß sprichst du den Satz: «Ich bin mein Körper – der Körper ist mein Tempel.»

Sperma ist Leben

Der Samenerguß besteht zu etwa 25 Prozent aus Sperma, das aus den Hoden kommt, der Rest ist Gleitflüssigkeit aus der Prostata. In der Vagina bleibt es etwa fünf Stunden lebendig, in der Gebärmutter bis zu einhundert Stunden.

Sperma ist Leben! Wir sollten bewußt damit umgehen. Sperma ist kein Abfall. Viele Männer können es nicht einmal anfassen, geschweige denn schlucken. Ein abwertendes Verhältnis zum eigenen Samen ist schlecht für das Selbstbild. Jeder Mann sollte sich die einmalige, lebensspendende Qualität des Spermas einmal klarmachen.

Was will ich erreichen?

Wer etwas in seiner Sexualität verändern will, sollte sich nicht an Klischees, sondern an seinen wirklichen Wünschen orientieren:

- Was will ich erreichen? Mit welchem Unterschied zur bisherigen Situation?
- Wie weit will ich mit meiner Lust gehen? («Tu das!» ist besser als «laß das!».)
- Was gewinne ich dadurch, was verliere ich? (Risikoab-

wägung: Bin ich bereit, die Folgen der Veränderungen zu tragen?)
- Was will ich anders als bisher machen, um meine Vorstellungen zu verwirklichen?
- Was kann ich jetzt schon dafür tun? Heute und morgen?

Der sexuelle Vater, die sexuelle Mutter

Das Leben der Eltern sollte auch in sexueller Hinsicht Anschauungsunterricht für die Kinder sein und ihnen den menschlichen Körper in seiner Ganzheit vermitteln. Nacktheit, gemeinsames Schlafen und Körperkontakt sollten gepflegt werden. Sexualität soll als etwas erfahren werden, das Freude macht, schön aussieht, gut riecht und wofür sich niemand schämen muß. Also etwas, wodurch Kinder gezeugt werden können, das aber auch ohne diesen Wunsch gelebt werden kann. Gleiches gilt für das Sprechen über Sexualität: ehrlich, konkret und positiv sollte es sein – nicht zweideutig, unklar, verlegen, verniedlichend. Die Bewertung der sexuellen Gefühle durch die Eltern wird, bewußt und unbewußt, von den Kindern weitgehend übernommen, die Begrenzungen und Grundängste der Erwachsenen werden reproduziert.

Zwischen Eltern und Kindern und zwischen Geschwistern sollte ein ständiger sinnlicher Austausch bestehen, der so weit gehen kann, wie die Kinder selbst es wollen. Eltern sollten zur Lust ermuntern, nicht einschüchtern, sie sollten erste eigene sexuelle Erfahrungen loben, nicht bestrafen. Es geht um eine der wichtigsten Sachen im Leben, für deren Vermittlung Eltern, Lehrer und Vorbilder Verantwortung tragen.

Zur Klärung all dieser Aspekte hier einige Fragen zu deiner sexuellen Biographie:

- Inwieweit wurde ich als Kind unterstützt und ermutigt, schamlos zu sein (z. B. Bettnässen, Nasenbohren, lautes Schreien etc.)?
- Welche Gefühle und Vorstellungen habe ich, wenn ich draußen im Freien scheiße oder pisse? (Wenn du es noch nie gemacht hast, ist es Hausaufgabe.) Wie erlebe ich den Geruch und die Berührung von Kot und Urin?
- Habe ich die Geschlechtsteile meiner Eltern gesehen oder berührt? Wie fühlten sie sich an, wie sahen sie aus (erigiert, feucht, blutend etc.)? Ekeln mich die Geschlechtsteile meiner Eltern oder der Gedanke daran?
- Wie empfand ich es, als Mutter, Vater oder Geschwister meine Geschlechtsteile berührten?
- Habe ich den Geschlechtsverkehr der Eltern wahrgenommen? Wie war bzw. ist er, auf welche Weise haben sie Sex miteinander? Was weiß ich, was vermute ich?
- War ich stolz auf die Geschlechtlichkeit meiner Eltern, oder war sie mir, vor allem in der Öffentlichkeit, peinlich? Wie stehe ich heute dazu?
- War ich selbst Teil ihrer sexuellen Aktivitäten?
- In welchem Alter und durch wen habe ich gehört oder erfahren, daß Sexualität Spaß macht und ohne Kinderwunsch gelebt werden kann, daß es Verhütungsmittel gibt?
- Welche abschreckenden Bemerkungen und Geschichten hörte ich in der Familie und von anderen Bezugspersonen, wenn es um Sexualität ging?
- Welche positiven Bemerkungen sind mir darüber in Erinnerung?
- Welche Bemerkungen wurden gemacht, die mich ermunterten, mich selbst zu berühren und zu masturbieren?

- Welche Unterstützung habe ich bekommen, um für Lust und Sex mit Freunden / Freundinnen alleine zu sein?
- Welche Unterstützung habe ich bekommen, um Sex angstlos auszuprobieren und auszuüben?
- Welche ersten Erfahrungen hatte ich mit Petting? In welchem Alter?
- Inwieweit wurde die von Mutter und Vater erfahrene Einstellung zur Sexualität von ihnen auch überzeugend vorgelebt?
- Beschreibe deinen ersten Orgasmus und beschreibe einen von heute.
- Was gefiel meinen Freunden und Freundinnen an meinem Vater und meiner Mutter? Was nicht?
- Wann bin ich von zu Hause ausgezogen und warum?
- Inwieweit ist es für mich vorstellbar, mit Vater, Mutter oder Geschwistern sexuelle Erfahrungen gemacht zu haben oder noch zu machen?
- Was hindert mich daran?
- Wie frei bin ich heute, um Kinder aufzuziehen und in ihrer Sexualität zu unterstützen?
- Beschreibe den Orgasmus einer Frau, wie du ihn erlebst.

Lusttraining

Viele Bücher, die sich mit Sexualität beschäftigen, gehen auch auf praktische körperliche Übungen ein, die zur Intensivierung und Steigerung der Lust dienen sollen. Ein derartiges «Training» kann durchaus nützlich sein, nur sollte man sich keine Illusionen machen: Lust ist ein Gefühl, sie läßt sich nicht einfach kommandieren und abrichten. Bei solchen

Übungen handelt es sich nicht um Tricks und Wundermittel, die schlagartig die Liebesfähigkeit, Potenz oder Attraktivität eines Mannes steigern. Aber wenn man sie als Teil eines umfassenden und ganzheitlichen Programmes begreift, durch das die Vertrautheit mit dem eigenen Körper wächst, so haben sie ihre Berechtigung. Nach der Orgasmuskontrolle stellen wir im folgenden zwei weitere Techniken vor, die zu einem sensibleren Umgang mit den Organen der eigenen Lust beitragen können: das «Melken» und das «Kontrahieren».

Melken

Du hast ganz richtig gelesen: melken. Dabei geht es um eine bestimmte Art, den Penis zu stimulieren. Im Prinzip kann man es stundenlang machen, ohne daß es zum Orgasmus führt, und doch ist es sehr lustvoll. Man kann es um seiner selbst willen pflegen oder vor sexuellen Begegnungen, um die Lustbereitschaft zu fördern. Es ist kniend, sitzend oder stehend möglich, eine angenehme Atmosphäre (Musik, Düfte, Wärme, keine Störungen) verschönert das Erlebnis.

Du bist nackt und machst es dir gemütlich. Zu Beginn lenkst du die Energie des Körpers zum Penis hin: du drückst die Hände auf die Brust und fährst mehrfach entlang der Mittellinie hinab zur Peniswurzel. Dann reibst du die Hände mit Massageöl ein, nimmst den Penis zwischen die Fingerspitzen und ziehst ihn nach vorne aus. Diese Einleitung wiederholst du etwa fünfmal.

Dann das eigentliche Melken: Die Hände ziehen abwechselnd von der Peniswurzel zur Penisspitze, so daß die eine

Hand hinten neu ansetzt, bevor die andere vorne losläßt. Finde einen angenehmen Rhythmus.

Nach einiger Zeit kannst du zu folgender Variante übergehen: du legst die Finger einer Hand unter den Penis und massierst mit dem Daumen vom Ansatz bis zur Spitze, wobei sich meist in der Mitte eine kleine Rinne bildet. Dies fördert besonders die Produktion des körpereigenen Gleitmittels, die Prostataflüssigkeit. Da sie klar ist und Fäden zieht, kann man sie leicht vom Samen unterscheiden. Anschließend wieder Teil zwei und so weiter.

Melken hat nichts mit Masturbation zu tun, die Penishaut wird nicht zurück-, sondern nach vorn gezogen. Man sollte sich vorher überlegen, was man möchte, Masturbation mit Orgasmus oder Penismassage, eine Vermischung macht wenig Sinn. Übrigens läßt es sich auch zusammen mit Partner oder Partnerin spielen.

Kontrahieren

Das Kontrahieren der Beckenmuskeln verstärkt die Durchblutung in diesem Bereich, es wirkt sich positiv auf die Erektion aus und kann Prostata-Erkrankungen vorbeugen. Wichtigster Muskel ist der Afterschließmuskel, der Muskel, den man einsetzt, um beim Urinieren den Strahl zu unterbrechen.

Du ziehst den Schließmuskel zusammen, hältst ihn kurz geschlossen und läßt wieder los. Das ist alles.

Diese Übung läßt sich fast überall durchführen, im Unterricht, im Büro, im Bus. Anfangs ist es ziemlich egal, wie oft und wie lange du kontrahierst. Mit der Zeit kannst du versuchen, die Kontraktion länger zu halten und beispielsweise synchron zum Ausatmen oder Einatmen auszuführen.

Wenn du nicht gerade Kontraktionen übst, sollte dieser Muskel möglichst entspannt sein, da er über die Beckenregion hinaus auf die Atmung und den Energiefluß einwirkt. Ihn bewußt zu entspannen, kann das Körpergefühl bei Streß und psychischen Belastungen unmittelbar verbessern.

Bei erigiertem Penis gibt es folgende Übung: Du umfaßt den Penis, drückst ihn mit der Hand und antwortest darauf mit einer Kontraktion von innen. So kommt es zu einem Wechselspiel, dessen Tempo du variierst. Die freie Hand kann zwischen die Beine fassen, es kann auch ein Finger in den Anus eingeführt werden.

Diese Kontraktionen lassen sich als Partnerspiel auch während des Geschlechtsverkehrs machen. Auf den Impuls des Penis antwortet die Vagina mit Gegendruck.

Erogene Zonen

Neben Mund, Brüsten, After und Genitalien gibt es eine Reihe von Punkten und Stellen des Körpers, die, zärtlich stimuliert, erregen und die Lust erhöhen: die erogenen Zonen. Auch in der Akupunktur und anderen Traditionen der asiatischen Medizin spielen sie als besonders sensible Regionen eine bedeutende Rolle. Dabei geht es nicht darum, durch Tricks oder Manipulation eine Lust hervorzurufen, die sich anders nicht einstellen will. Wir möchten vielmehr dazu anregen, in der Zärtlichkeit auch ungewöhnliche Wege zu gehen und die Sinnlichkeit der Haut zu erkunden. Eine der wichtigsten erogenen Zonen: die Phantasie.

Hilfsmittel und erotischer Schmuck

Falls du das noch nicht ausprobiert hast, experimentiere mit sexuell erregender Musik, Pornos, erotischen Accessoires wie Dildos oder Penisringen, Reizwäsche und mit erotischem Schmuck. Zeichne selbst Entwürfe für derartigen Schmuck. Falls dich ein Design ernsthaft interessiert, laß den Schmuck nach deinen Vorstellungen anfertigen.

Die Lust am Körper

Ziele sind ein unbefangener Blick auf den Körper und seine Funktionen und eine verstärkte Aufmerksamkeit für unsere Lebens- und Ernährungsgewohnheiten.

Yin und Yang

Die Begriffe Yin und Yang gehören inzwischen zur Allgemeinbildung. Das Symbol ist bekannt, als Markenzeichen ziert es eine Vielzahl von Produkten von der Marmelade bis zur Seife. Die Begriffe Yin und Yang entstammen der chinesischen Philosophie. Seit mehr als zweihundert Jahrtausenden bilden sie im ostasiatischen Raum die Grundlage des Weltbildes. Yin und Yang sind Grundformen der kosmischen Energie. Alle Erscheinungen sind Yin- oder Yang-geprägt. Beide Prinzipien bedingen sich gegenseitig, das eine ist nicht ohne das andere, und jedes enthält im Kern das andere. Es gibt kein reines Yin und kein reines Yang, sondern immer nur Mischungen. Dies wird durch den Kreis symbolisiert, er beinhaltet beides.

Folgt man dieser Definition, so läßt sich auch unser Körper nach Yin und Yang bestimmen. Sowohl in den einzelnen Organen und **Funktionen** als auch in der Gesamtheit sollten Yin und **Yang im Körper** in einer Balance sein, die sich in unserer gesamten Lebensweise, in der Ernährung, der Hygiene, der Bewegung niederschlägt. Wird diese Balance gestört, wird eine der beiden Kräfte übermächtig, so wird der Organismus deformiert, die Energien einseitig verbraucht, das Wohlbefinden beeinträchtigt, die Entwicklung gehemmt.

Daß Yin weiblich und Yang männlich sei, ist ein verbreitetes Mißverständnis. Frauen wie Männer sind Yin und Yang zugleich, allenfalls metaphorisch hat diese Einteilung eine gewisse Berechtigung. Beiden Kräften wird eine Fülle von Eigenschaften und Zuständen zugeordnet. So steht Yang für Tag, Licht, Helligkeit, Wärme und Feuer, Yin für Nacht, Schatten, Dunkelheit, Kälte und Wasser. Yang ist hart und spröde, Yin weich und flexibel. Es existieren endlose Tabellen mit derartigen Gegenüberstellungen, wir wollen uns im wesentlichen auf eine Anwendung von Yin und Yang auf unsere Körper und die Ernährung beschränken.

Die weichen Innenflächen des Körpers (Brust, Bauch, Schenkel, Waden, Hand- und Fußflächen) sind Yin-orientiert. Die harten Außenflächen (Rücken, Knie, Ellenbogen, Hand- und Fußrücken sowie der Kopf) Yang-orientiert. Die linke Körperhälfte ist mehr Yin, die rechte mehr Yang. Der Oberkörper ist mehr Yin, der Unterkörper mehr Yang.

Was einzelne Organe angeht, so ist das gesamte Skelett Yang, Fett und Gewebe Yin. Haare sind Yang, die Haut Yin, wobei feine Haare mehr Yin haben als starke Haare und straffe Haut mehr Yang als dehnbare. Nägel sind Yang, harte Nägel mehr als weiche. Beim Pulsschlag gibt es sowohl Yin- als auch Yang-Pulse. Knochige und eckige Körperformen sind Yang, runde, weiche Formen sind Yin.

Aus diesen Zuordnungen läßt sich bereits ein erstes Urteil

abgeben, ob jemand mehr zum Yin- oder mehr zum Yang-Typus gehört, ob die Balance zwischen beiden ausgeglichen ist oder ob ein Charakter dominiert. Das läßt sich annähernd in Prozenten angeben, etwa 60:40 oder 25:75 oder, im Idealfall, 50:50. Wenn eine Kraft überwiegt, sollte man sich bemühen, den schwächeren Pol zu unterstützen. Eine Möglichkeit dazu bietet sich über die Ernährung an. Auch Nahrungsmittel besitzen Yin- oder Yang-Qualitäten. Die wichtigsten sind in der nachfolgenden Tabelle zusammengestellt.

Die Chakren

Fast alle asiatischen Kulturen kennen die Lehre von den Chakren, aber auch in Ägypten und im alten Mexiko existieren derartige Vorstellungen. Ihre Zahl und ihre Bezeichnung sind unterschiedlich, aber das Prinzip ist überall das gleiche.

Chakren – das sind energetische Felder im Körper, Kraftzentren, die sowohl untereinander als auch mit der kosmischen Energie in ständigem Austausch stehen. Ob wir schlafen, essen oder laufen: immer fließt Energie durch unseren Körper, solange wir leben. Fließt sie nicht mehr, sind wir tot. In den Chakren bündelt sich diese Energie. Chakren sind nicht einfach Punkte, sondern Kraftfelder, deren Zentrum im Körper lokalisiert ist, die aber bis nach außen wirken. Man hat sie bisweilen mit Transformatoren verglichen. In den traditionellen Darstellungen wird die Energie in Form einer Schlangenlinie, als ein Strom von Vitalität gezeigt. Es ist die Kundalini, die Lebensenergie. Sie steigt vom untersten Chakra nach oben, deshalb werden die Chakren auch von unten nach oben gezählt. Gleichzeitig fließt die kosmische

Yin

Schalentiere
schwach: Krebse, Krabben
und Muscheln

Fette und Öle
mittel: Sesam-, Raps-,
Olivenöl
schwach: Pflanzenfett,
Weizenkeimöl, Schweine-
schmalz

Milch und Milchprodukte
mittel: Kondens- und
Magermilch
schwach: Vollmilch, Butter-
milch, Joghurt

Hülsenfrüchte
schwach: Bohnen

Gewürze und Kräuter
stark: Pfeffer, Senf, Basili-
kum, Bohnenkraut, Ingwer,
Paprika, Petersilie,
Thymian, Salbei, Vanille,
Kümmel, Majoran,
Knoblauch, Ketchup
mittel: Schnittlauch, Kresse

Gemüse und Kartoffeln
stark: Paprika, Sellerie,
Spinat, Gurken, Fenchel,
Salat, Weißkraut, Rote Bete,
Oliven
mittel: Tomaten, Rotkraut,
Rettich, Meerrettich

schwach: Lauch, Blumen-
kohl, Karotten, Radieschen,
Schwarzwurzeln, Kartoffeln

Obst, Nüsse
stark: Trockenfrüchte, Dat-
teln und Feigen, Rosinen,
Trauben, Mandarinen
mittel: Orangen, Grapefruit,
Brombeeren, Aprikosen,
Bananen, Maronen,
Kokosnuß
schwach: Himbeeren, süße
Kirschen, Pflaumen, Ana-
nas, Birnen, Zwetschgen,
Haselnüsse

Pilze (schwaches Yin)

Getränke
stark: schwarzer Tee
mittel: Fruchtweine, Malz-
bier, Pfefferminztee
schwach: Obstsäfte, Mineralwasser ohne Kohlensäure,
Leitungswasser, Kaffee,
Kräutertees, Wein, Rum,
Whisky, Sekt, Limonade,
Bier

Sonstiges
stark: Zucker, Honig
mittel: Traubenzucker, Eis
schwach: Tabak

Yang

Fleisch und Wurst
stark: Wild, Huhn, Kalb
mittel: Schweinefleisch,
Innereien und Würste mit
hohem Fleischanteil
schwach: Rindfleisch,
Schinken, Blut- und Leber-
wurst

Fisch
stark: Hering, Kabeljau
mittel: Heilbutt, Seezunge,
Karpfen, Rotbarsch
schwach: Aal, Forelle und
Lachs

Milchprodukte
schwach: Quark

Eier und Mayonnaise
(starkes Yang)

Käse
stark: Roquefort und andere
Pilzkäsesorten, Brie,
Limburger
mittel: Edamer, Tilsiter,
Camembert, Gouda,
Emmentaler
schwach: Schmelzkäse,
Parmesan

Brot
stark: Weißbrot, Brötchen
mittel: Schwarzbrot, Grau-
brot, Zwieback

schwach: Pumpernickel,
Knäckebrot

Getreide und Teigwaren
stark: Reis, Haferflocken,
Gries
mittel: Mais, feine
Mehlsorten
schwach: Nudeln, grobes
Weizenmehl

Hülsenfrüchte
mittel: Linsen, Sojabohnen
schwach: Erbsen

Gemüse
schwach: Zwiebeln,
Spargel, Artischocken

Obst, Nüsse
schwach: Preiselbeeren,
Heidel- und Johannisbeeren,
Zitronensaft, Melonen,
Erdbeeren, saure Kirschen,
Erdnüsse, Walnüsse,
Mandeln

Getränke
schwach: Kakao, Cola,
Cognac

Sonstiges
stark: Salz, Hefe, Essig
mittel: Mineralwasser mit
Kohlensäure
schwach: Schokolade

Energie über das oberste Chakra in den Körper ein, so entsteht ein Kreislauf.

Ob ein Chakra stärker oder schwächer ausgeprägt ist, läßt sich oft schon an der äußeren Erscheinung des Menschen ablesen, an seinen Körperformen, seiner Haltung, seiner Physiognomie. Es genügt, die einzelnen Chakren zu lokalisieren und ihre wichtigsten Funktionen und Symbole kennenzulernen. Durch Atmung, Yoga, Handauflegen und Konzentration lassen sich einzelne Chakren gezielt aktivieren.

1. Muladhar Der «Wurzelstock», die Basis der Kundalini. Von hier aus steigt die Energie durch den Körper auf. Sie sollte möglichst gut aufsteigen. Das Muladhar liegt im Schritt, im Perinäum, am tiefsten Punkt des Beckens. Die ihm zugeordneten Organe bringen Leben hervor: Gebärmutter und Eierstöcke beziehungsweise Samenstränge und Gonaden (die ja beim Baby noch im Körper liegen). Entsprechend wichtig ist das Muladhar-Chakra für das elementare, vitale Lebensgefühl. Jeder kennt es: Bei großer, unter Umständen lebensbedrohender Angst kneift es im Arsch. Das Muladhar drückt sich im Sitzen aus, das ist seine Domäne, Be-sitz wird ihm psychologisch zugeordnet. Wenn es zu dominant ist, wird die Lebensenergie gebremst, der Mensch wirkt träge, schwer und statisch. Nicht umsonst wird dem Muladhar als Element die Erde zugeordnet. Sein Symbol ist das Quadrat, sein Charakter Yin.

2. Svadistan Das zweite Chakra betrifft die primären Geschlechtsorgane sowie die Afterregion, es liegt also an der Außenseite des Körpers. Das Svadistan wirkt stark auf Lust und Sexualität ein, weniger auf die Fortpflanzung. Alle Schleimhautfunktionen des Körpers werden von ihm beeinflußt. Sein Element ist das Wasser, sein Symbol eine liegende Mondsichel, eine Art Schaukel. Der Charakter dieses Chakra: beweglich, ohne feste Grenze, fließend. Darin wirkt es als Gegenpol zur stationären Besitzhaltung des ersten Chakra. Folgerichtig kann es sowohl von Yin als auch von Yang geprägt sein.

3. Manipura Das Manipura stellt das größte und energiereichste Chakra dar, es liegt in der unteren Bauchregion. Als Organe sind Magen, Darm, Zwerchfell, Bauchspeicheldrüse und die anderen Eingeweide zugeordnet. Sein Element ist das Feuer, denn es ist für den Wärme- und Energiehaushalt des Körpers verantwortlich, für die Verbrennung, auch für Antrieb und Bewegung sowie für die Steuerung des Atems. Symbolisiert wird dieses Yang-Chakra von einem Dreieck, das man etwa als Anker oder als Motor deuten kann.

4. Anahata Das vierte Chakra ist im Brustraum lokalisiert, wo, auch im übertragenen Sinne, das Herz sitzt. Die beiden Hauptnerven des Körpers laufen durch diese Region, daher wirkt es auf das vegetative Nervensystem sowie auf den Blutkreislauf ein. Bei Kummer und Tränen werden Herz und Brust bekanntlich eng, bei guter Laune dagegen weit und offen. Das Anahata ist das Gefühls-Chakra, es betrifft Lachen, Weinen und das allgemeine Wohlbefinden, außerdem die Herztätigkeit. Es gehört zu den Yin-Chakren, ihm wird das Holz zugeordnet, das organischste Element. Sein Symbol ist ein Stern aus zwei Dreiecken.

5. Vishuddha Das Vishuddha ist ein besonders mächtiges Chakra. Sein Zentrum liegt im Hals, es betrifft Kehlkopf, Atmung und Lungen. Nicht umsonst hat es Luft beziehungsweise Wind als sein Element. Es ist für Sprache und Kommunikation zuständig, für die Stimme, die Artikulation und allgemein für den Intellekt. Es stellt also Verbindungen her – oder verweigert sie. Das Vishuddha beeinflußt fast alle menschlichen Äußerungen und kann sie stark blockieren. (So beobachtet man etwa bei Lungenkrankheiten häufig psychosomatische Zusammenhänge: Die Betroffenen haben Schwierigkeiten im Umgang mit anderen Menschen und lassen sie nicht an sich heran.) Wie das zweite Chakra wird auch das Vishuddha von einer Mondsichel repräsentiert, sein Charakter ist Yin.

6. Ajna Das sechste Chakra beeinflußt die Gesichtssinne, sein Zentrum liegt in der Mitte der Stirn, beim dritten Auge. Es ist für Sehen, Hören, Schmecken und Riechen, für Gleichgewicht und Zielgerichtetheit sowie für die Orientierung, für den sechsten Sinn, verantwortlich. In Experimenten hat man herausgefunden, daß sich beispielsweise der Orientierungssinn empfindlich stören läßt, wenn man mit einem Elektromagneten auf die Region des Ajna-Chakren einwirkt. Als sein Element gilt in den traditionellen Lehren der Äther, er steht für den reinen Raum. Das Ajna zählt zu den Yang-Chakren, sein Symbol ist das Om-Zeichen, eine elementare Silbe, eine Art Urschwingung.

7. Sahasrar Von allen Chakren ist das Sahasrar am wenigsten im Körper lokalisiert und am stärksten spirituell. Es ist den anderen Chakren übergeordnet, faßt sie zusammen, umgreift die Summe der Einzelfunktionen. Es wirkt auf den gesamten Körper, auf seine Aura, seine feinstoffliche Hülle. Es liegt am Scheitelpunkt des Kopfes, wo die Platten der Schädeldecke an der sogenannten Fontanelle zusammenwachsen und, nach der spirituellen Überlieferung, der Austausch mit der kosmischen Energie stattfindet. Das Sahasrar drückt die Idee der Einheit des Menschen aus, der als vollkommenes und intaktes Wesen begriffen wird, das mit der Schöpfung in Verbindung steht. Dem Sahasrar ist kein isoliertes Element mehr zugeordnet, es ist immateriell und auch jenseits von Yin und Yang. Es wird durch eine tausendblättrige Lotosblüte charakterisiert, die in den Farben des Regenbogens leuchtet.

Hygiene und Pflege

Ein Mann sollte jederzeit bereit sein, alle Hüllen fallen zu lassen – ohne sich genieren zu müssen. Mundgeruch, Bartstoppeln, ungewaschene Füße, ungepflegte Nägel, alte Wäsche und ähnliche Vernachlässigungen beeinträchtigen das eigene Wohlbefinden ebenso wie das der anderen.

Wieviel Zeit und Sorgfalt verwendest du auf: Haare / Gesichtspflege / Zähne / Haut / Handpflege / Genital- und Analbereich / Füße?

Zum Waschen des Genitalbereichs wie des übrigen Körpers eignen sich natürliche Substanzen besser als Seife, die die Haut zu sehr reizt und den Säuremantel nicht erhält. Man kann sich selbst eine Waschlotion zusammenstellen, indem man beispielsweise eine Tasse Yoghurt, ein Eigelb, etwas Zitronensaft und eventuell etwas Knoblauchsaft vermischt. Das reinigt schonend und kann leicht mit Wasser abgewaschen werden.

Gepflegtheit und Sauberkeit drücken die Liebe zum eigenen Körper aus. Von der Verwendung kosmetischer Präparate und Seifen, sofern sie nicht selbst hergestellt wurden, raten wir jedoch ab. Luft und Wasser sind auf Dauer die besten Reinigungsmittel und ohne Nebenwirkungen. Wir sollten nackt schlafen, außer vielleicht, wenn es wirklich kalt im Zimmer ist, und bequeme Kleidung und frische Wäsche tragen. Wir sollten mehr Luft an unseren Körper lassen, im Freien ebenso wie zu Hause, vor allem auch an die vernachlässigten Genitalien und die Füße. Was die Zahnpflege anbetrifft, empfehlen wir Naturhaarborsten, Zahnseide, eventuell eine Mundusche und gelegentliche Zahnsteinbehandlung.

Erotische Massage

Jede Massage ist ein Gespräch zwischen zwei Körpern. Bei der erotischen Massage findet ein sanftes und intensives Zwiegespräch statt, sie ist keine Sport- oder Gesundheitsmassage, sondern ein zärtliches Ritual. Überflüssig zu sagen, daß viele Elemente der Massage ins persönliche Liebesspiel eingebaut werden können, ebenso wie umgekehrt erotische Vorlieben die Massage bereichern. Sie dauert eineinhalb bis zwei Stunden und verläuft ohne sexuelle Vereinigung. Natürlich kann sich eine Vereinigung nahtlos anschließen.

Du brauchst dazu: Massageöl, Duftöl / Parfum, ein Laken, einige Blüten, Schminkstifte, zwei Federn, Gewürze und Früchte, sanfte Musik, einen Kimono und einen Partner / eine Partnerin.

Das Massageöl soll schleimhautverträglich sein (etwa Jojoba-Öl, Weizenkeimöl). Wer keinen Kimono hat, muß sich mit einem dünnen Morgenmantel oder einem langen Hemd behelfen. Ideal ist es, wenn für die Massage ein eigener Raum zur Verfügung steht, der vorher ansprechend ausgestaltet wird: mit Blumen, Beleuchtung, Raumduft. Gut warm soll es sein, eine Gänsehaut wäre unerwünscht. Die Fingernägel sind kurz und gut gefeilt. Während der Massage wird nicht gesprochen, außer wenn du deine Partnerin bittest, aufzustehen oder sich umzudrehen. Der Einfachheit halber ist im folgenden von einer Partnerin die Rede, der Ablauf ist jedoch für Männer und Frauen gleich, bis auf einen Unterschied, den kleinen eben. Wichtig ist, daß sie vollkommen entspannt und passiv bleibt, sich der Massage hingibt und sie genießt, und nicht etwa beim Aufrichten, Hinlegen usw. mithilft. Entspannen heißt freilich nicht, in sich zusammenfallen, sondern Körper und Seele öffnen.

Zu Beginn erscheint die Massage etwas kompliziert, da sie aus so vielen einzelnen Handgriffen besteht, doch du kannst sie so lange üben, bis du zumindest nicht mehr ständig auf die Textgrundlage angewiesen bist. Improvisation ist durchaus möglich. Eine erotische Massage soll flüssig und gleichmäßig ablaufen und nicht unterbrochen werden. Allerdings schlagen wir einige kurze Pausen vor, um die Konzentration zu halten und den Ablauf zu gliedern.

Viel Vergnügen.

Die Massage soll alle Sinne miteinbeziehen. Zur Anregung könnt ihr vor Beginn einige Gewürze zerkauen: Kardamom, Nelken oder Anis. Wer dieses kleine Zeremoniell noch nicht kennt, wird von seiner Wirkung überrascht sein. Als Vorspeise eignen sich auch exotische Früchte, die einen intensiven Geruch und sinnliches Fleisch haben, zum Beispiel Guaven, Papayas, Mangos, Passionsfrüchte oder Feigen.

Ihr sitzt euch auf dem Laken gegenüber, beide im Kimono, und habt Augenkontakt. Zur Einstimmung ein paar Fingerübungen. Die erotische Massage hat Hand und Fuß. Ihr legt eure Handflächen horizontal ineinander und laßt sie langsam kreisen. Dann streichst du über ihre Hände und Finger. Habe dabei die Vorstellung, allen Frust und Ärger aus ihrem Körper abzuziehen.

Dann legt sich die Partnerin mit gestreckten Beinen auf den Rücken, und du ziehst ihre Fußsohlen an deinen nackten Bauch. Versuche, im gleichen Rhythmus wie sie kräftig zu atmen, dein Bauch hebt und senkt sich, schiebt ihre Füße vor und zurück. In dieser Stellung streichst du ihr mit beiden Händen von den Knien an über die Beine bis zu den Füßen. Wie zuvor an den Fingern, so ziehst du nun jeden Zeh einzeln lang. Fahr mit deinen Fingern langsam durch die Zwischenräume der Zehen – erst einzeln durchziehen und sanft drehen, dann in alle acht Zwischenräume gleichzeitig. Anschließend streckst du ebenfalls die Beine aus, so daß ihre Knie auf den deinen ruhen, und legst dich so, die Hände auf ihren Schenkeln, für ein paar ruhige Atemzüge zurück.

Als nächstes kniest du dich hinter die Partnerin und richtest sie wieder in die sitzende Stellung auf. Nun schaukelst du sie an den Schultern hin und her und vor und zurück. Dann kommen die Haare dran: du fährst von unten mit beiden Händen wie mit einem Kamm durch ihre Haare und fächerst

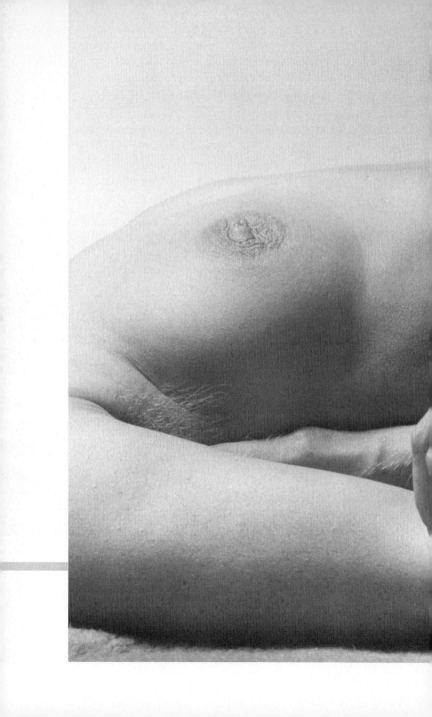

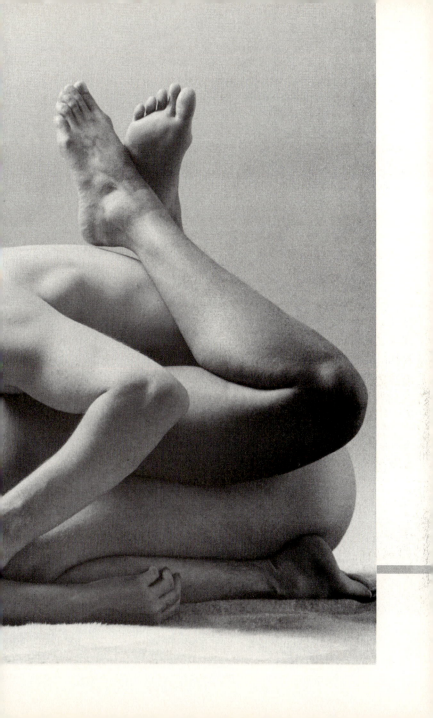

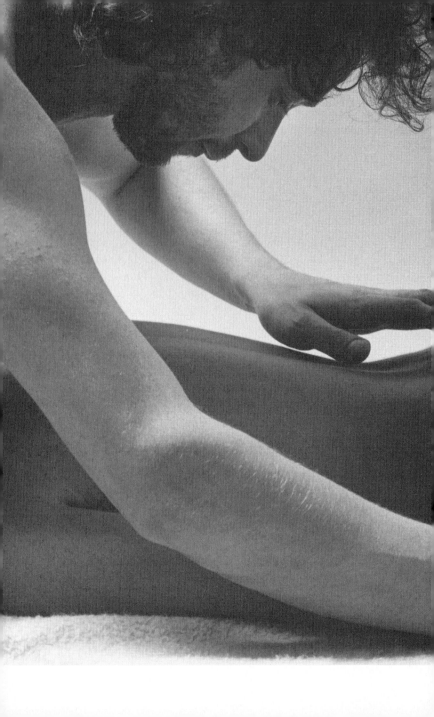

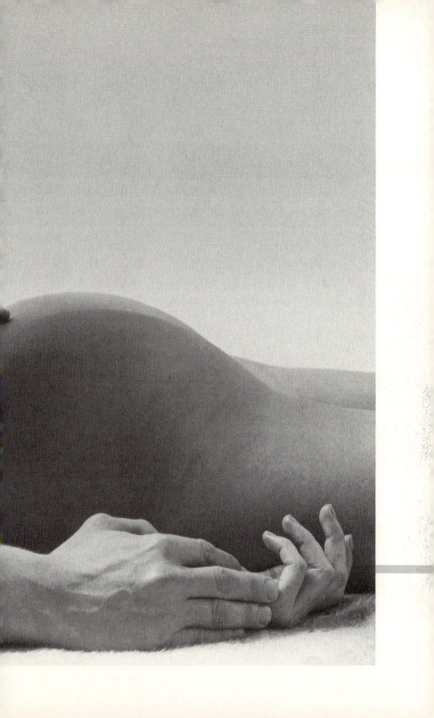

sie dabei auf, sooft du Lust hast; je länger sie sind, desto langsamer. Dann legst du die Fingerspitzen links und rechts vom Scheitel an, läßt sie mit flinken Bewegungen mehrmals von der Stirn bis in den Nacken krabbeln. Nochmals an den Schultern schaukeln, damit ist das Einstimmen beendet.

Du bittest deine Partnerin aufzustehen, stellst dich hinter sie, umarmst sie und wiegst sie an den Schultern hin und her und vor und zurück. Achte auf ruhigen, sicheren Stand. Dann streichst du mit locker ausgestrecktem rechten Arm über ihre rechte Schulter und gehst langsam in einem weiten Kreis um sie herum. Dabei beschreibt deine Hand, allmählich abwärtsgleitend, in mehreren Umdrehungen eine Spirale um ihren Körper, von der Schulter bis zum Unterleib. Die Berührung ist leicht, aber gleichmäßig und deutlich. Unten angekommen, stehst du ihr gegenüber und fährst mit beiden Händen vom Hals über die Schultern die Arme herab bis zu den Fingerspitzen. Du wiederholst diese Bewegung, dabei streifst du ihren Kimono ab und fährst, in die Knie gehend, die Beine hinab bis zu den Fußspitzen. Das allein kann Tage dauern. Ist deine Partnerin schließlich enthüllt, so feuerst du den Kimono nicht etwa wie einen Fetzen in die Ecke, sondern faltest ihn zusammen und legst ihn in Reichweite ab.

Zurück zu deiner Venus. Bei ihren Füßen angefangen, fährst du mit den Handflächen an der Innenseite der Beine nach oben, über das Becken, die Hüften und die Brüste hoch bis zu den Schultern, und die Arme wieder herab bis zu den Fingerspitzen. Die Bewegung sollte langsam und fließend sein, habe dabei die Vorstellung, daß du Energie in einem Kreislauf aus der Erde herausziehst, über ihren Körper verteilst und wieder zurückleitest.

Diese Figur wird neunmal hintereinander ausgeführt. Anschließend beschreibst du eine genau umgekehrte Bewegung, ebenfalls neunmal: du stehst hinter ihr, streichst von den Fingern an die Arme nach oben, über die Schultern, den Rücken und den Po, schließlich die Beine herab bis in die Zehenspitzen.

Als nächstes stehst du zu ihrer Linken und massierst die Rückseite, indem deine rechte Hand in kräftigen kleinen Kreisen von der linken Schulter bis zur linken Ferse wandert. Das gleiche vorne mit der linken Hand: von der Schulter über Brust und Becken bis zum linken Fuß. Dann nimmst du rechts von ihr Aufstellung und massierst die andere Hälfte, vorne wie hinten.

Der nächste Gang: Schnitzelklopfen. Du stehst hinter ihr und trommelst mit den Handkanten über den Rücken. Von der Wirbelsäule ausgehend, wandern deine Hände erst nach rechts, dann nach links, setzen ein paar Zentimeter tiefer an und wandern wieder nach rechts, wieder nach links. Das Klopfen soll aus den Handgelenken heraus möglichst rasch und rhythmisch ablaufen, was durch Singen oder rhythmisches Sprechen erleichtert wird. Versuche es mal mit dem Sprechgesang der arabischen Massage-Asse:

«Shararara – Shararara – Shararara – Shambu – ya!»

In dieser Zeit einmal von der Mitte nach außen klopfen, der letzte Schlag ist als Abschluß immer etwas kräftiger, daher das Ausrufezeichen. Wenn du einen Mann massierst, nimm statt «ya!» als Schlußsilbe «ey!», die morgenländische Weisheit will es so. Erst trommelst du über die Schultern und den Rücken herab, dann rechter Arm, linker Arm, rechtes Bein von oben nach unten, linkes Bein von oben nach unten.

Bei jeder guten Massage wechseln sich kräftige und zarte, anspannende und entspannende Griffe ab. Nichts anderes meint ja das Prinzip von Yin und Yang. Zum Abschluß dieses Teils faßt du daher die Partnerin wieder von hinten bei den Schultern und schaukelst und drehst ihren Oberkörper sanft. Nun gibst du ihr den Kimono zurück. Ein Lächeln, und sie wird alles verzeihen, was dir bisher an kleinen Unvollkommenheiten unterlief.

An dieser Stelle ist Gelegenheit, ihr ein kleines symbolisches Geschenk zu machen. Etwas, das du gerade bei dir trägst, als «Schutzgeschenk», das sie behalten oder hinterher zurückgeben kann. Wer will, kann seiner Partnerin jetzt ein Liebeszeichen aufmalen. Dazu dienen die Schminkstifte, ansonsten kannst du die Zeichen auch mit Lippenstift oder farblos mit Massageöl auftragen. Derartige Schutzzeichen gibt es in vielen Kulturen, gleichzeitig wirken sie auch als Schmuck. Für Männer verwendet man blau, für Frauen rot. Einem Mann malst du zwei auf der Spitze stehende Pfeile auf die Stirn zwischen die Augenbrauen. Hier sitzt traditionell das «dritte Auge», sitzen Willen und Zielgerichtetheit. Einer Frau malst du einen Kreis oder Punkt auf diese Stelle, berührst ihn mit den Fingerspitzen und führst sie an deine Lippen. Ein weißes Band quer über den Hals signalisiert Unverletzlichkeit. Dann ein kleiner Punkt in die Handflächen, der mit den Fingerspitzen kurz einmassiert wird. Ein hängender Halbmond zwischen den Brüsten beschützt Herz und Gefühl. An den Fußsohlen die gleichen Punkte wie in den Handflächen, ebenfalls kurz einmassieren. Diese Punkte aktivieren die Atmung und die sexuelle Erregung. Zum Schluß malst du je einen kleinen Halbmond außen an die Unterseite der Fußknöchel, übrigens eine erogene Zone mit Rückwirkungen auf den Hormonhaushalt.

Bis hierher war die Massage trocken, jetzt wird mit Öl weitermassiert. Deine Partnerin legt sich auf den Bauch, und mit einem Waschlappen wäschst du ihr zunächst Rücken, Arme und Beine mit warmem Wasser. Wenn das Wasser aus einer Schüssel mit Blütenblättern kommt, sieht es schöner aus. Du reibst den Körper mit den Händen trocken. Dann gießt du Öl in deine Handflächen, legst die Handkanten aneinander und läßt das Öl wie durch einen Trichter auf ihre Wirbelsäule laufen. Von dort verteilst du es nach den Seiten und streichst über Arme und Beine. Du gibst auch etwas Duftöl auf die erogenen Stellen des Rückens: Nacken, Rücken, Steiß, Perinäum, Kniekehlen, Fußgelenke.

Danach kniest du dich hin, ihren Kopf zwischen deinen Beinen. Mit den Zeige- und Mittelfingern fährst du mehrmals kräftig die Wirbelsäule hinab bis zum Becken und um den Po herum an den Stellen wieder zurück. Nun gießt du nochmals Öl auf die (von dir aus) linke Körperhälfte, parallel zur Wirbelsäule. Es wird unter Druck mit halbmondförmig kreisenden Bewegungen verteilt. Anschließend analog auf der rechten Seite und über beide Arme. Zum Schluß fährst du mit den Händen glatt über ihren Körper.

Nun drückst du deine Daumen auf zwei Energiepunkte, und zwar dort, wo die Wirbelsäule ins Becken übergeht. Die anderen Finger umfassen die Hüften, und indem du die Partnerin leicht schaukelst, fährst du zurück bis zu den Achseln. Das Schaukeln ist eine gute Lockerung. Dann legst du dich mit deinem Oberkörper auf ihren Rücken und spürst ihre Wärme, ihren Atem, ihren Herzschlag.

Anschließend drehst du sie auf den Rücken. Du kniest wieder bei ihrem Kopf, suchst wie vorhin mit den Daumen die zwei Energiepunkte am Becken und schaukelst ihren Körper. Das Öl trägst du in zwei Linien vom linken und rechten

Fuß bis zu den Schultern und Armen auf. Du verteilst es mit übersetzten Händen, das heißt, die sich rasch abwechselnden Handflächen streichen das Öl kreuzförmig nach außen. Dort, wo die Rippen in der Mitte der Brust zusammenkommen (wo der Halbmond aufgezeichnet ist), massierst du in kleinen Kreisen mit den Fingerspitzen. Du tropfst Duftöl oder Parfum auf diese Stelle und verteilst es fächerförmig über die Brust. Du legst dein Gesicht darauf, atmest den Duft ein und hörst auf den Herzschlag.

Als nächstes gießt du Massageöl in den Bauchnabel und verteilst es mit den Fingerspitzen in kleinen, kreisenden Bewegungen, ebenso in der Leistenbeuge und unterhalb der Knie am Wadenansatz. Dann tropfst du das Öl in die Mitte des Oberkörpers in die Vertiefung zwischen den Brüsten und berührst diesen Punkt mit dem Finger, so daß du den Herzschlag spürst. Entlang einer Mittellinie verteilst du nun das Öl bis zum Schamhügel. Dann gehst du ans Fußende, faßt mit den Händen von oben auf die Leistenbeuge und schaukelst das Becken. Über die Oberschenkel fährst du zu den Kniekehlen und massierst sie mit den Fingerkuppen. Ebenso werden Armbeugen und Handflächen kreisend massiert. Zum Abschluß kniest du an ihrer rechten Seite, faßt mit der Linken an die Schulter, mit der Rechten an den Fuß und führst mehrmals beide Hände in der Körpermitte zusammen. Ebenso auf der anderen Seite. Wer will, kann jetzt eine kleine Atempause machen, behaltet dabei Körperkontakt.

Deine Partnerin liegt auf dem Rücken, du deckst sie mit ihrem Kimono zu. Du streichst ihre Haare nach hinten aus. Dann kniest du bei ihren Füßen und ziehst die Zehen einzeln zwischen den Fingern lang, das entspannt. Millimeter für

Millimeter ziehst du ihr nun den Kimono vom Leib, wie ein Magier, der nach atemberaubenden Kunststücken die zersägte Jungfrau enthüllt, und siehe da, sie ist heil und schöner denn je.

Das langsame Abgleiten des Stoffes ist auf der Haut höchst aufregend. Schließlich legst du den Kimono zusammen und setzt dich hinter ihren Kopf. Mit Öl in den Händen fährst du mehrmals vom Brustbein aus um die Brüste herum und über die Innenarme bis in die Fingerspitzen. Zuerst mit einer Hand, dann mit beiden gleichzeitig. Beim letzten Mal kreisen deine Finger in den Handflächen, und du legst deinen Kopf auf ihren Bauch, so wie auch dein Bauch ihr Gesicht berührt.

Nun richtest du dich auf und nimmst dabei ihre Arme nach hinten, so daß sie an deinen Seiten anliegen, wo du sie ein paarmal auf- und abführst. Dann beschreiben deine Hände zwei Ovale, indem sie von der Leistenbeuge über die Körpermitte zu den Achselhöhlen streichen und seitlich am Rücken wieder zurück.

Als nächstes legst du ihre Arme wieder nach vorne, faßt ihren Kopf und wiegst ihn in den Händen. Sei erst dann zufrieden, wenn der Kopf wirklich schwer und locker ist, nur so ist sie ganz entspannt. Dann schaukelst du sie, die Hände an den Hüften, hin und her. Anschließend fährst du mit der rechten Hand unter den Rücken, die Linke an der Schulter, und richtest deine Partnerin auf, so daß sie bequem sitzt. Du rückst nach, und sie lehnt ihren Rücken an deine Brust. Versuche, im gleichen Rhythmus mit ihr zu atmen, indem du eine Hand auf die Mitte ihrer Brust legst.

Du nimmst ihren rechten Arm hoch und legst ihn dir um den Nacken. Von der Leistenbeuge her fährst du mehrfach an der Seite und am Arm entlang bis zur Hand, danach das gleiche mit dem anderen Arm.

Dann hebst und verlagerst du sie etwas, so daß das Haupt-gewicht auf deinem rechten Oberschenkel ruht und sie ihren linken Arm um deinen Nacken legt. Mit übersetzten Händen kannst du nun ihre linke Seite massieren. Daraufhin setzt du sie wieder gerade und aufrecht, faßt mit den Händen in die Kniekehlen und ziehst ihre Beine an, so daß sie bequem im Schneidersitz ruht.

Als nächstes setzt du dich ihr gegenüber und streichst mit den Fingern über ihre Augenbrauen und ihr Gesicht, von der Mitte nach außen, und streichelst sie auch am Hinterkopf. Mit diesen Bewegungen ölst du nun ihr Gesicht ein. Dann kniest du nahe an ihrer Seite und hauchst ruhig über ihre Haare und das Gesicht. Nimm eine Feder und fahre damit zwischen euren Gesichtern hin und her, so daß sie Atem und Feder spürt. (Sofern du welche hast, kannst du statt mit der Feder auch mit langen Haaren spielen.)

Jetzt geht es ans Küssen. Aber nicht irgendwie, Freistil kommt erst nach der Massage. Mit aneinandergelegtem Zeige- und Mittelfinger fährst du über ihr Gesicht, und durch den Spalt zwischen den Fingern kitzelt die Zunge die Haut. Stirne, Backen, Ohrläppchen, Hals, Brustansatz, Schultern.

Dann legst du deine Partnerin hin, indem du mit einer Hand ihren Rücken hältst und mit der anderen die Füße hebst. Ihre Beine streckst du aus.

Nun kommen die Federn an die Reihe sowie die Blüte, die sie mitgebracht oder ausgesucht hat. Du legst sie oberhalb des Schamhügels ab. In sanften Linien streichst du mit den Federn über ihren ganzen Körper. Ob du echte Adlerfedern hast, Federn aus Stoff mit vielen Nesseln oder aus Kunststoff – spiele mit ihnen. Mit der Zungenspitze fährst du ebenfalls in Linien über den ganzen Körper. Mit Zunge und Feder gleichzeitig umkreist du ihre Brustwarzen und saugst an ihnen. Auch im Nabel läßt du die Zunge kreisen, den du dann mehrmals mit den Lippen ansaugst und wieder losläßt, wodurch ein kleines Vakuum entsteht.

Auch Hände und Füße kommen in diesen Genuß. Du spielst mit der Zunge und den Federn zwischen ihren Fingern, saugst am Daumen.

Lege nun ihre Füße eng zusammen und streiche mit den Federn oder den langen Haaren langsam zwischen den Zehen durch. Du lutschst an den großen Zehen, erst einzeln, dann an beiden gleichzeitig. Dann öffnest du ihre Beine und setzt dich dazwischen, wobei du ihre Knie über deine Oberschenkel legst. Du zerpflückst nun die Blüte und verteilst ihre Blätter auf dem Körper. Wer möchte, kann in dieser Stellung eine kurze Pause machen, indem er sich ebenfalls zurücklegt.

Im gleichen Sitz geht es weiter: Du faßt mit den Händen in ihre Kniekehlen und legst deine Füße seitlich fest an ihre Rippen. Wenn du jetzt ihre Beine bewegst, schaukelt das Becken. Langsam ziehst du danach deine Beine wieder unter ihren hervor und kniest dich so gegenüber, daß ihre Kniekehlen auf deinen Knien liegen.

Du gibst etwas Duftöl auf ihr Schambein (nicht an die Schleimhäute bringen) und kreist mit den Fingerspitzen auf dem Venushügel. Du spielst mit den Schamhaaren und streichst von oben flach über das Schambein. Dann fährst du mit den Händen ein paarmal innen an den Schenkeln hoch und über die Leisten und den Po wieder zurück zum Knie. Den gleichen Kreis noch einmal, diesmal mit den Unterarmen. Dann faßt du mit den Armen unter die Oberschenkel und schaukelst ihren Körper, hebst ihn dann an den Knien etwas hoch und schaukelst noch kräftiger.

Und nun wird es zweimal ein wenig akrobatisch. Deine Partnerin liegt nach wie vor auf dem Rücken, du kniest vor ihr. Öffne ihre Knie und gehe mit dem Kopf zwischen die Oberschenkel, so daß du sie mit deinen Haaren kreisend am Perinäum (das ist der Muskel zwischen After und Schamlippen bzw. Hoden) massieren kannst. Dann kommst du wieder nach oben und ziehst ihren Körper an den Knien so weit heran, daß sie mit dem Perinäum an deinem Bauch liegt. Deine Arme bleiben unter den Knien, du streichelst ihre Unterarme. Dann faßt du ihr unter die Taille, ziehst sie noch weiter auf deinen Schoß und streichst ein paarmal in langen Linien von den Füßen bis zu den Händen.

Anschließend rollst du deine Partnerin ein: du ziehst ihre Knie hoch bis zu deinem Kopf, während ihr Kopf möglichst nahe zu deinem Becken rutscht. Du faßt ihr unter den Kopf und beugst deinen Oberkörper nach vorne, so daß sie regelrecht zusammengeklappt wird. Diese Haltung heißt «die Ente»; du streichst ihr dabei über den Po und über die Kniekehlen, bevor du sie schließlich wieder in die Ausgangsstellung zurücklegst.

Nun rollst du deine Partnerin auf den Bauch, öffnest ihre Beine und kniest dich auf sie, die Knie neben ihrem Oberkörper, die Füße auf ihren Oberschenkeln. So ölst du Arme und Rücken ein. Dann faßt du sie unter die Schultern, legst dich auf sie und wiegst sie mit deinem ganzen Körper hin und her. Du bleibst auf ihr liegen, streckst Arme und Beine aus, massierst mit deinen Händen ihre Hände und, wenn es geht, mit deinen Füßen ihre Fußsohlen. Zum Abschluß fährst du mit den Fingerspitzen wiederholt an ihren Seiten entlang, von den Beinen bis zu den Händen.

Dann kniest du dich wieder hin und schiebst deine Knie unter ihre Beine, wodurch ihr Becken leicht angehoben wird. Du faßt ihr von unten an den Bauch und streichst über den Po bis zu den Füßen. In dieser Stellung legst du dich nach hinten, so daß ihr Unterkörper auf dem deinen liegt und du sie durch bloße Beckenbewegungen schütteln und schaukeln kannst. Dann richtest du dich wieder hoch, hebst ihren Bauch an, rutschst nach hinten und löst die Figur auf.

Deine Partnerin liegt auf dem Bauch, Arme und Beine geschlossen. Du deckst sie erneut mit dem Kimono zu, der auch unter Arme und Beine geschoben wird, so daß er sie ganz umhüllt. Durch den Stoff hindurch streichelst du sie ausgiebig am ganzen Körper. Zum Schluß faßt du ihre Füße, hebst sie an und schaukelst deine Partnerin noch einmal kräftig durch. Vor dem Schlußteil wäre jetzt noch einmal Gelegenheit für eine Atempause.

Und nun spielt er eine Rolle, der kleine Unterschied. Massierst du eine *Frau*, so läuft die Schlußphase folgendermaßen ab: langsam ziehst du ihr zunächst den Kimono vom Leib. Du drehst sie auf den Rücken, spreizt ihre Beine und kniest dich dazwischen. Deponiere etwas Massageöl in ihrem Bauchnabel und öle damit deine Finger ein. Du spielst mit ihren Schamhaaren. Von rechts und links drückst du die äußeren Schamlippen zusammen und läßt die Finger daran nach unten laufen (keinen direkten Druck auf die Klitoris). Nun öffnest du ihre Beine noch weiter, drückst mit dem Mittelfinger auf das Perinäum, fährst mit dem Daumen die Schamlippen entlang und läßt ihn kreisen. Dann streichst du mit den Fingern rechts und links der Klitoris entlang, anschließend an den Schenkeln nach außen und führst die Bewegung fort bis zu den Knien. Ziehe dabei die Schamlippen mit den Fingern auseinander und laß sie wieder zusammengehen.

Nun nimmst du ihre Beine hoch, legst sie an deine Brust

und hältst die Knie. Du bewegst dich nach vorne, nach hinten und zur Seite. Du beugst dich vor, massierst mit dem Daumen ihr Perinäum und streichelst ihren Po. Danach ziehst du den Körper noch weiter heran, faßt von der Seite unter den Schenkeln durch und massierst sie an der Innen- und Unterseite. Noch einmal schaukelst du deine Partnerin sanft hin und her, dann gehst du um sie herum, richtest sie auf und setzt dich, den Bauch an ihrem Rücken, hinter sie. Damit ist der offizielle Teil der erotischen Massage beendet, wir blenden ab.

Massierst du einen *Mann*, verläuft die Schlußphase wie folgt: langsam ziehst du den Kimono vom Körper. Du drehst ihn auf den Rücken, spreizt seine Beine und kniest dich dazwischen. Deponiere Massageöl in seinem Bauchnabel und auf deinen Schenkeln und öle deine Finger ein. Du spielst mit seinen Schamhaaren und fährst vom Bauch her mit den Händen über den Penis, den du schließlich auf den Bauch legst. Vom Perinäum aus streichst du mit den Händen abwechselnd über die Hoden. Nimm einen Hoden in die Hand und fahre mit den Fingern der anderen Hand die Samenstränge entlang. Dann streichst du um Penis und Hoden und bildest mit den Händen einen Ring um sie, den du mit leichtem Druck mehrfach öffnest und schließt. Nun fährst du mit dem Daumen noch einige Male vom Perinäum durch den Hodensack nach oben bis zur Penisspitze.

Danach stellst du die Knie deines Partners auf, massierst das Perinäum mit kreisenden Fingerspitzen und streichst um den Aftermuskel herum. Du faßt an die Beckenknochen und schüttelst den Körper leicht. Dann nimmst du seine Beine etwas mehr zusammen, faßt von außen unter die Schenkel, die Daumen am Perinäum. So kannst du den Körper anheben und schütteln. In dieser Stellung beugst du dich vor, bittest den Partner, deinen Nacken zu umfassen, und richtest dich wieder auf. Jetzt sitzt er auf deinen Schenkeln, und du kannst ihm bequem den Po massieren. Danach setzt du deinen Partner vor dir ab – der offizielle Teil der Massage ist beendet.

Yoga

ist eine ursprünglich indische Praxis, um durch spezielle Übungen körperliche, geistige und spirituelle Harmonie zu erreichen. Im wesentlichen handelt es sich um bestimmte Haltungen, die längere Zeit eingenommen werden und durch die die Energien im Körper in besonderer Weise fließen. Wir wollen hier weder die gymnastischen noch die meditativen Aspekte des Yoga betrachten, sondern durch Vermittlung einiger elementarer Übungen lediglich einen Einstieg ermöglichen. Wer sich dann näher dafür interessiert, kann selbst aktiv werden und sich um weitere Erfahrungen bemühen.

Im Zentrum des Yoga steht die Lebensenergie, die Kundalini. Im Alltag wird sie oft bereits durch falsche Sitzhaltungen, durch chronische Verspannungen und ungesunde Lebensführung blockiert. Das Beherrschen und die regelmäßige Ausübung verschiedener Yoga-Stellungen korrigieren derartige Fehler, damit schließlich der gesamte Körper zu jeder Tageszeit, in jeder Position energetisch sein kann. Auf einige Grundstellungen gehen wir im folgenden ein.

Die tiefe Hocke Du grätschst die Beine und gehst so tief wie möglich in die Hocke, wobei die Füße nach Möglichkeit parallel und die Fersen am Boden bleiben. Die Hände werden aneinandergelegt, mit den Ellenbogen drückst du die Knie auseinander. Einige Minuten so verharren, dabei allmählich tiefer gehen.

Der Drehsitz Im Sitzen streckst du das rechte Bein gerade-aus, setzt den linken Fuß rechts neben den rechten Ober-schenkel, dann winkelst du das rechte Bein an, so daß die Ferse den Po berührt. Dann schlingst du den linken Arm um das aufgestellte linke Knie und legst die Hand auf den rechten Oberschenkel. Die rechte Hand liegt locker auf dem Rücken, der Handrücken an der linken Hüfte. Wenn du einen beque-men Sitz gefunden hast, drehst du den Kopf und blickst über die rechte Schulter nach hinten. Mehrere Minuten so bleiben, normal atmen, dann langsam auflösen. Nach kurzer Ruhe-pause folgt die gleiche Übung nach der anderen Seite. Der Drehsitz öffnet den Herz-, Brust- und Halsbereich, außer-dem ist er gut für die Lendenwirbel. Besonders bewährt er sich aber bei Schnupfen und Erkältungen, da er Nase und Atemwege entspannt und befreit.

Mit dem Drehsitz verwandt ist der *Knoten*: der rechte Fuß wird angewinkelt, die Ferse liegt neben dem Po. Der linke Fuß wird wenn möglich rechts neben das rechte Knie gesetzt, sonst davor. Der linke Arm faßt von rechts durch das Bein, durch das so entstandene Dreieck, die linke Hand liegt an der linken Pobacke. Nun versucht die rechte Hand hinter dem Rücken die linke zu fassen, zumindest mit zwei Fingern, und Kopf und Oberkörper drehen sich möglichst weit nach rechts hinten. Dabei normal atmen, die Augen fixieren einen Punkt an der Decke. Nach einigen Minuten den Knoten langsam lösen, kurze Ruhepause im Sitzen. Dann den Kno-ten zur anderen Seite.

Pflug und Ente Du liegst mit geschlossenen Beinen auf dem Rücken. Du bringst die Beine gestreckt nach oben zur Kerze und dann weiter über den Kopf nach hinten, bis die Zehen den Boden berühren. Sind die Beine möglichst durch-

gestreckt, heißt die Übung «der Pflug», werden sie dagegen angewinkelt und die Knie neben die Ohren gelegt, heißt sie «die Ente». Die Arme können neben dem Körper liegenbleiben oder nach hinten gebracht werden, so daß die Hände die Zehen umfassen und ein Kreis entsteht. Fünf Minuten in dieser Stellung bleiben, dann langsam zurückrollen und auf dem Rücken liegen, um sich zu erholen. Pflug und Ente beleben den Körper und halten die Wirbelsäule geschmeidig.

Die Kobra Du legst dich auf den Bauch, die Beine sind geschlossen, die Hände liegen neben den Schultern, die Ellenbogen sind aufgestellt. Die kleine Kobra: du richtest Kopf und Brust auf, ohne dich auf die Hände zu stützen, der Blick geht zur Decke. Die große Kobra: du richtest Kopf und Oberkörper noch weiter auf, stützt dich dabei mit den Händen ab und streckst die Arme durch. Bei beiden Kobras den Kopf nach hinten legen, den Blick zur Decke richten und die Zunge herausstrecken. Jeweils ein bis zwei Minuten in dieser Stellung bleiben, dann langsam absenken und einige Zeit liegenbleiben. Die Kobra ist besonders für das Rückgrat von Bedeutung, außerdem verbessert sie den Kreislauf.

Der Diamantsitz Du kniest und setzt dich, die Beine auseinander, zwischen die Füße. Die Wirbelsäule ist aufgerichtet, das Becken sollte möglichst am Boden aufliegen. Falls das zunächst noch nicht gelingt, kannst du ein Kissen oder ein Telefonbuch unterlegen. In dieser Stellung lassen sich auch gut Kontraktionsübungen ausführen, wobei die Hände – eine von vorne, eine von hinten – in den Bereich des Perinäums fassen, um die Kontraktionen zu spüren. Der Diamantsitz sollte täglich für mehrere Minuten eingenommen werden, nach oben gibt es keine Grenze. Im Alltag bietet sich fast

ständig Gelegenheit dafür, etwa beim Fernsehen, beim Lesen, beim Telefonieren. Und natürlich beim Liebesspiel.

Das Kamel Du kniest, nimmst die Beine auseinander, richtest dich auf und beugst Kopf und Oberkörper nach hinten. Die Hände stützen sich auf die Fersen, so daß ein Bogen entsteht.

Warum die Übung «das Kamel» heißt? Weil man in dieser Position schreien und brüllen soll, lachen, stöhnen, die Zunge herausstrecken, mit den Augen rollen oder auch etwas erzählen – kurz, sie dient zum Abreagieren, um möglichst viel Gefühle, Ärger, Lärm herauszulassen. Geistig und emotional wirkt sie sehr befreiend. Nach ein, zwei Minuten, wenn die Stimme erschöpft und die Wut abgelassen ist, kommst du langsam wieder nach vorne und ruhst im Diamantsitz aus.

Der Kopfstand Seit Tausenden von Jahren wird der Kopfstand von den Indern als die Standardübung empfohlen und praktiziert. Er belebt weniger einzelne Regionen als vielmehr den Körper als Ganzes. Die Energien, der Blutkreislauf, die Wahrnehmung werden umgekehrt. Der Kopfstand hat auch symbolischen Wert. Als Denkmodell, die Dinge auch einmal völlig anders zu sehen und die gewohnte Welt auf den Kopf zu stellen, verhilft er zu innerer Freiheit. Er sollte täglich für mehrere Minuten praktiziert werden.

Wer ihn noch nicht beherrscht, für den gibt es eine Vorübung, gewissermaßen den halben Kopfstand: die Hände werden etwa eine Unterarmlänge neben den Ohren aufgestützt, die Knie ruhen auf den Ellenbogen. In dieser auf den Kopf gestellten Hocke mehrere Minuten verharren, um sich an die ungewohnte Position zu gewöhnen. Von hier aus kann man dann zum echten Kopfstand langsam mit den Beinen nach oben gehen und den Rücken gerade strecken. Noch effektiver wird der Kopfstand, wenn man sich nicht auf die Hände, sondern auf die Unterarme und Ellenbogen stützt, wobei die Hände am Hinterkopf anliegen und verschränkt werden.

Der Kopf sollte bei Yogaübungen möglichst frei von Gedanken sein. Das wird leichter, wenn du die Stimme miteinbeziehst. Singe oder summe während der Übungen einen Ton, einen Vokal oder eine Silbe. Es ist zunächst nicht so wichtig, welche Silbe du benutzt. Die klassische Silbe lautet «OM». Die Schwingungen übertragen sich auf den Körper, eine leichte innere Massage findet statt, die Stimme wird aktiviert. Der Kopf ist beschäftigt und bleibt doch leer von störenden Gedanken.

Einige dieser Übungen eignen sich, um sich selbst zu stimulieren, außerdem sind die meisten gute Vereinigungshaltungen. Yoga hat also auch eine sexuelle Komponente, wenngleich diese im orthodoxen Yoga meist vernachlässigt wird. Auch wenn es sich beim Yoga nicht grundsätzlich um einen sexuellen Akt handelt, ist Lust ein legitimer und natürlicher Weg, zusätzliche Energien in diese Stellungen zu bringen. Umgekehrt ermöglichen diese Sitze mit ihrer vorteilhaften Energieverteilung leichtere Kontrolle über den Orgasmus und ein intensiveres Erleben der Lust, als dies beispielsweise bei Vereinigungen im Liegen der Fall ist. Diese Möglichkeiten zur Stimulation sollten ausprobiert werden. Je besser die Beweglichkeit im Yoga, je präsenter und ausdauernder der Körper dadurch wird, um so leichter und vielseitiger läßt sich auch der Geschlechtsverkehr gestalten. Nur wenige Männer sind in der Liebe ausdauernd genug für die Frauen. Der Körper kommt zu früh an seine Grenzen, nicht

selten ist schlichte Ermattung der Grund für einen frühen Orgasmus. Die Energie, die sich eigentlich im sinnlichen Erleben manifestieren sollte, wird allein von der körperlichen
Anstrengung verbraucht.

Im Yoga gibt es auch Partnerübungen, die gleichzeitig
Vereinigungshaltungen darstellen. Die klassische Position ist
die Vereinigung von Sonne und Mond. Der Mann sitzt aufrecht, je nach Gelenkigkeit einfach mit angewinkelten Beinen oder im halben oder ganzen Lotossitz. Die Frau setzt sich
ihm in den Schoß, läßt sich auf seinem erigierten Glied nie-
der, umarmt ihn mit den Armen um die Schulter und mit den
Beinen um die Hüfte. Auch im Diamantsitz und in der Hocke
gibt es mehrere vorteilhafte Vereinigungshaltungen.

Stimme und Sprache

Die chinesische Philosophie sagt: Lachen und Weinen sind
eins. Beide stellen elementare, den ganzen Menschen erfas-
sende Gefühlsäußerungen dar, die, so gegenteilig sie scheinen mögen, miteinander verwandt sind und nicht selten ineinander übergehen. Lachen geht mehr vom dritten Chakra
aus, das mit Macht- oder Ohnmachtsgefühlen zusammen-
hängt, Weinen mehr vom vierten, dem Gefühls-Chakra, und
beide werden vom fünften Chakra kontrolliert, das die Kommunikation bestimmt.

Wenn es sich auch um archaische Lebensäußerungen handelt, so sind sie beileibe nicht immer authentisch, es kommt
darauf an, wann und wie gelacht und geweint wird. Das Lachen aus Verlegenheit, aus Opportunismus, das Lachen an
der falschen Stelle vermitteln kein echtes Gefühl. Offenes La-

chen dagegen drückt Lust aus, es kommt, wie es heißt, «von Herzen».

Wir sollten uns bemühen, das Lachen aus Freude zu kultivieren, und uns das Unsicherheitslachen oder -lächeln abgewöhnen. Ebenso andere Verlegenheitsäußerungen wie Husten, Schnauben oder Räuspern. Gelacht werden darf über alles. Lachen und Weinen können sich auch im Orgasmus entladen, sollten ihn aber nicht dominieren.

Jasager und Neinsager Es gibt Menschen, denen es schwerfällt, ja zu sagen, und andere, die nicht nein sagen können. Wenn sie es versuchen, mangelt es ihnen an Überzeugungskraft. Wer schlecht ja sagen kann, darf sich nicht wundern, daß auch andere ihn nur schwer bejahen können, wer nicht nein sagen kann, kann sich nicht abgrenzen und wird daher fremdbestimmt. Derartige Schwierigkeiten drücken sich auch akustisch aus: die Wörter werden verschluckt, verzögert, dünn und leise herausgepreßt. Dazu wollen wir eine einfache Sprechübung vorstellen, die als Modell für weiteres Stimmtraining dienen kann. Wer daran interessiert ist, sollte sich intensiver mit derartigen Praktiken befassen. Fast überall gibt es Kurse und Angebote, um die individuelle Sprech- und Atempraxis zu verbessern. Es kommt darauf an, überhaupt erst einmal Kontakt zu den vielfältigen Möglichkeiten der eigenen Stimme zu finden.

Die Übung besteht aus nichts anderem als wiederholtem, rhythmischem «Ja – Ja – Jajaja!». Es wird stets deutlich ausgesprochen, zunächst aufrecht stehend und in gewöhnlicher Lautstärke, dann laut, dann noch kräftiger und noch einmal doppelt so kräftig. Äußere dich mehrere Minuten aus vollem Hals, unter Berücksichtigung der Atmung, des Zwerchfells und des Bauches. Das gleiche mit «Nein – Nein – Neinnein-

nein!!». Am besten sprichst du erst allein, dann zu einem Partner, der beurteilen soll, wieweit Zustimmung und Ablehnung überzeugend waren.

Dann beugst du dich vornüber, läßt Kopf, Arme und
Oberkörper frei baumeln und schüttelst dich kräftig, während du die Übung wiederholst. Wenn du dich dann wieder
aufrichtest, wirst du überrascht sein, wieviel mehr Volumen
und Intensität deine Stimme besitzt.

Der Ton macht die Musik Noch weniger als um das Sprechen kümmern wir uns um das Singen. Vor allem diejenigen,
die überhaupt nicht singen, werden, wenn sie sich nur ein
bißchen damit befassen, überrascht sein, welche Möglichkeiten sie besitzen. Ein erster Anfang wäre etwa, in einem
Raum, in dem man nicht gestört wird, einen eigenen, natür-
lichen Ton zu suchen, üblicherweise auf dem Vokal «a». Er
wird in den verschiedensten Betonungen, auch mit anderen
Vokalen oder zusammen mit Konsonanten variiert und eine
Viertelstunde lang kräftig gesungen. Darauf aufbauend kann
man Melodien und ganze Arien improvisieren.

Gesangsübungen stellen eine elementare Gymnastik für
die Stimme dar und stärken ihre Beweglichkeit und Kraft.
Gelegenheiten zum Singen gibt es genug, zum Beispiel beim
Autofahren, wo es nicht nur die Stimmung, sondern wie ne-
benbei auch die Atmung und die Aufmerksamkeit verbessert.

«Ich würde sagen» Um einen Eindruck von der eigenen
Sprechweise zu erhalten, kann man sie, etwa während eines
Telefongesprächs, auf Tonband aufzeichnen und dann un-
tersuchen. Neben grundsätzlichen stimmlichen Beschrän-
kungen sollte besonders auf Füll- und Modewörter («ich

würde sagen», «irgendwie», «man») und auf sprachliche Ticks und Eigenheiten geachtet werden. Ob einer nun jedes Satzende verschluckt oder überhaupt keines findet, ständig «hm» oder «äh» macht, keine Pausen kennt, die Vokale quetscht – es gibt Hunderte von Unarten. Wird man mit der eigenen Stimme konfrontiert, erkennt man wenigstens einige davon. Versuche, sie in Zukunft zu meiden, und bemühe dich um kreativeren Umgang mit Sprache.

Essen und Trinken als Lustprinzip

Essen und Trinken als Lustprinzip heißt vor allem: bewußt essen und trinken. Wir alle essen meist zuviel vom Falschen und mit zuwenig Geschmack.

Bei den Eß- und Trinkgewohnheiten kann man grundsätzlich zwei Möglichkeiten unterscheiden: *kompensatorisches und lustvolles Verhalten.*

Unter «kompensatorisch» fallen alle Verhaltensweisen, bei denen Essen und Trinken nicht nach Lust und Laune, sondern nach äußeren Prinzipien organisiert werden: starre Fixierung auf bestimmte Wochen- und Tageszeiten, übertriebenes – ängstliches – Befolgen von Ernährungsideologien (seien es diätetische, makrobiotische, ökologische, vegetarische oder konventionelle Dogmen) – übertriebenes Feinschmecker-Gehabe – Essen und Trinken zur Kompensation persönlicher und sexueller Probleme (dazu gehören die berühmte Frustschokolade, Freß- und Magersucht, Alkoholismus, starkes Rauchen, chronisches Naschen, Tee- oder Kaffeekonsum).

Essen und Trinken als Lustprinzip dagegen bedeutet eine

sinnliche, kreative und flexible Einstellung zur Nahrungsaufnahme, es handelt sich um einen bewußten und vergnügten Akt.

Wir sollten dann essen, wenn wir Appetit haben, und nicht, wenn es die Uhrzeit vorschreibt. Wenn wir eigentlich keine Lust zum Essen oder Trinken verspüren, sollten wir uns nicht dazu zwingen. Denn Essen heißt gestalten und nicht konsumieren. Wenn wir essen, küssen wir die Erde. Es ist nichts anderes als ein subtiler oraler Liebesakt. Liebe, so heißt es, geht durch den Magen. Wir sollten diese Liebe aktiv praktizieren durch einen ehrfürchtigen Umgang mit den Produkten der Natur, offen sein für ihre Schönheiten und Eigenarten.

In allen Kulturen existiert die Idee einer liebevollen Verehrung der Nahrung, sie drückt sich in Segnungen, Gebeten und Opfergaben aus. Soweit wir Lebensmittel nicht selbst ernten oder herstellen, ist es in diesem Sinne auch angebracht, sich ihre Entstehung, ihre Geschichte zu vergegenwärtigen, aus welchen Stoffen das Produkt besteht und woher es kommt. Wir essen nicht mit dem Bauch, sondern mit dem Gaumen, der Nase und den Augen. Neben der Auswahl der Zutaten und ihrer richtigen Zubereitung spielen daher die ästhetische und die rituelle Komponente eine wichtige Rolle. Dazu gehören passendes Geschirr, einladend angerichtete Speisen, ein freundlich gedeckter Tisch, der nicht mit Papiertüten und Plastikverpackungen dekoriert wird, sondern mit Blumen, Kerzen oder Früchten. Wir sollten nach Möglichkeit in Gesellschaft essen, mit Freunden, Gästen oder auch unter Fremden, wie im Restaurant, in der Kantine und in der Mensa. Denn was gibt es trostloseres als einen einsamen Esser?

So wichtig eine ausgewogene, gezielte und lustvolle Ernährung ist, so muß doch vor übertriebenen Hoffnungen oder Befürchtungen gewarnt werden: *Die* Ernährung gibt es nicht. Ein gesunder Körper verträgt eine ganze Menge, ohne daß gleich ein Donnerwetter auf ihn herniederfährt, und es gibt keine Regel, die nicht auch einmal einen Verstoß verkraften könnte.

Beantworte folgende Fragen über deine vergangenen und gegenwärtigen Eßgewohnheiten:

- Was sind heute meine Lieblingsspeisen? Welche Nahrungsmittel rieche ich gerne?
- Für welche kulinarischen Genüsse würde ich auch ungewöhnlich viel Geld ausgeben und weite Wege machen?
- Was habe ich während der letzten Wochen gegessen? Wo und mit wem? Wer kochte? Welche Gefühle hatte ich dabei? Wie bekam es mir?
- Nach welchen Gesichtspunkten wähle ich Lebensmittel aus? Wo bekomme ich sie?
- Besorge ich Nahrungsmittel nur für mich alleine oder auch für andere? Welche Gedanken und Gefühle habe ich, wenn ich für andere einkaufe?
- In welcher Körperhaltung esse ich vorwiegend? Wie schnell oder langsam? Wie oft?
- Was mache ich mit den Resten? Welche Gedanken und Gefühle habe ich, wenn ich Eßbares wegwerfe?
- Was geschah in meiner Familie, wenn ich als Kind nicht aufessen wollte oder konnte?
- Welche Nahrungsmittel konnte ich als Kind nicht ausstehen, welche liebte ich? Wie ergeht es mir heute damit?
- Wo wurde in meiner Kindheit gegessen? Wie viele waren wir, kamen auch Gäste? Wann gab es besonderes Essen, wann gewöhnliches? Wie war der Tisch gedeckt?

- Gab es rituelle Momente (Tischgebet, Meditationen oder Reflexionen über die Nahrung, Opfergaben)? Durfte ich während des Essens reden?
- Welche Verdauungsbeschwerden hatte ich in meinem Leben? Welche derzeit? Wann treten sie auf, und wie gehe ich damit um?
- Habe ich schon einmal gefastet? Wie oft und wie lange? Welche Motive hatte ich, um zu fasten? Welche, um das Fasten abzubrechen?
- Habe ich jemals im Leben richtigen Hunger gehabt? Wie erlebte ich dieses Gefühl?
- Welche Themen verschlagen mir beim Essen den Appetit?
- Was und wie esse ich, wenn ich in Eile bin? Wenn ich traurig und frustriert bin? Wenn ich mich langweile? Wenn ich mich wohl fühle?
- Wieviel Geld gebe ich monatlich für Nahrungsmittel aus?
- In welcher Beziehung stehen Essen und Trinken zu meiner Sexualität?
- Welchen Anteil hat das kompensatorische Verhalten an meinen Eßgewohnheiten, welchen Anteil das lustvolle?
- Was möchte ich an meinen Eßgewohnheiten ändern?

Zwischen Essen und Trinken und der Sexualität besteht eine Verbindung.

Sage mir, wie du ißt, und ich sage dir, wie du liebst.

Das ist auch eine anatomische Tatsache: die Schleimhäute von Mund und Penis beziehungsweise Vagina stehen in Verbindung. Jeder kann das selbst testen, indem er ein Stück Knoblauch in die Harnröhre steckt und wartet, bis sich Knoblauchgeschmack in der Mundhöhle einstellt. Bei Frauen wirkt es noch deutlicher.

Dieser Zusammenhang läßt sich zwar nicht immer direkt

übertragen – Feinschmecker sind nicht unbedingt die intensivsten Liebhaber, und andere ernähren sich noch so ungesund und entpuppen sich doch als Könige im Bett –, aber meist wird man in beiden Lebensäußerungen ein ähnliches Verhalten feststellen.

Es dreht sich, wie soft, um die Vielfalt: eine schöpferische Einstellung zum Essen und ein schöpferisches Liebesleben gehen Hand in Hand. Eine sorgfältige, dabei lustvolle und vielseitige Ernährung aktiviert die Lebensenergien. Erfüllte Sexualität belebt den Körper und reguliert obendrein die Figur. Umgekehrt besteht auch beim kompensatorischen Verhalten eine Wechselbeziehung: gehemmte, frustrierte oder haltlose Ernährung und unbefriedigende Sexualität verstärken sich gegenseitig, verformen den Körper, häufig entsteht ein Teufelskreis der Ersatzbefriedigungen.

Nicht zuletzt wegen ihrer Verwandtschaft mit der Sexualität besitzen Essen und Trinken in der tantrischen Lehre einen hohen Stellenwert. Bei beiden geht es um die Erweiterung der Sinnlichkeit, um Freude und Dankbarkeit der Natur gegenüber, um die Aufmerksamkeit für den eigenen Körper, um Vielfalt und Harmonie in jeder Lebensäußerung. Essen und Trinken als Lustprinzip sind uralte tantrische Praxis, in vielen Ritualen spielen Nahrungsmittel eine Rolle. Ein klassisches Liebesmahl beinhaltet «Wein, Liebe, Fisch, Fleisch und Getreide». Da es sich um ein rituelles Essen und Trinken mit kleinen Portionen handelt, von der Liebe einmal abgesehen, können wohl auch Vegetarier und Abstinenzler ruhig von allem kosten. Die Speisen werden ansprechend dargeboten und sind farblich aufeinander abgestimmt. Auf den Geschmack kommt es an, auf die anregende Wirkung. Energien sollen geweckt werden. Gaumen, Geruchssinn, Tastsinn und Auge sollen sich daran erfreuen können.

Auch wer wenig Erfahrung mit dem Kochen hat, kann leckere Speisen zubereiten. Für erste Versuche reicht ein Standardkochbuch. Die Zutaten sollten stets frisch und von guter Qualität sein.

Aphrodisiaka

nennt man Mittel, die die Liebesfähigkeit steigern. Ihren Namen verdanken sie Aphrodite, der griechischen Göttin der Liebe. Einige wirken als Rauschmittel, andere regen speziell die Geschlechtsdrüsen an, die meisten steigern Vitalität und Energie des gesamten Körpers.

Eine gesunde, maßvolle Ernährung und eine aktive Lebensführung sind die natürlichsten und auf Dauer wirksamsten Aphrodisiaka. Auch Yoga verbessert die Lebens- und damit Liebeskräfte, weil es die Geschmeidigkeit des Körpers erhöht und zusätzliche Energien weckt. Aphrodisiaka sind keine Wundermittel, sie können die Sinnlichkeit zwar bereichern, aber nicht erzeugen. Sie entfalten ihre Wirkung dann am besten, wenn sie nicht leichtgläubig konsumiert werden, sondern ein bewußt und aktiv eingesetzter Teil des erotischen Lebens sind. Die Herstellung und Einnahme von Aphrodisiaka und Drogen sind denn auch traditionell an bestimmte Zeremonien gebunden. Es muß sich um einen besonderen, nicht-alltäglichen Akt handeln.

Das beginnt bei der Ernte bzw. beim Einkauf der Zutaten und betrifft die Zubereitung ebenso wie die Anwendung. Rituelle Momente sollten in den Umgang mit Aphrodisiaka wie mit Nahrung überhaupt einfließen. Die Zubereitung sollte zu zweit oder in einer Gruppe geschehen. – Die beiden

Aphrodisiaka, die wir vorstellen, sind noch verhältnismäßig einfach zuzubereiten und enthalten keine Drogen.

Die Drachenmilch Bei der Drachenmilch handelt es sich mehr um ein allgemeines Stärkungsmittel als um einen speziellen Liebestrank. Sie kann auch einfach zum Frühstück oder, in Kombination mit anderen Nahrungsmitteln, als Diät verwendet werden.

Vor allem durch die Ginseng-Wurzel, die Vanille und den Zimt wirkt sie auch auf die sexuelle Energie. Alle Zutaten sind im Reformhaus erhältlich.

Pro Person nimmt man:

- 1 EL Sesamkörner
- 1 EL feingehackte oder geriebene Mandeln
- 1 EL Weizenkeime
- 1 EL Hefe (Flocken)
- 1 EL Honig
- 1 TL Zimt (Pulver)
- 1 TL Vanille (Pulver oder Flüssigkeit)
- 1 TL Ginseng-Pulver

Die Zutaten werden gut vermengt und dann in einem großen Glas Milch gemixt. Man kann auch Banane oder geriebenen Apfel dazugeben und statt Milch Apfelsaft verwenden. Die Drachenmilch wird langsam getrunken, fast kauend.

Der Yogi-Trank Dieses Aphrodisiakum kann sowohl als heißer oder kalter Tee wie auch als Salbe zubereitet werden. Die Herstellung erfordert etwas Zeit. Einige Bestandteile wie Ginseng-Wurzel oder Safran sind nicht billig, trotzdem sollte man keinen Ersatz benutzen. Die Zutaten werden in einem Mörser zermahlen. Eine Alternative ist die elektrische Kaffeemühle.

Pro Person nimmt man:

- 1 kleine Ginseng-Wurzel (etwa so groß wie ein Fingerglied, als ganze Wurzel zerkleinern, nicht älter als ein Jahr, kein Pulver)
- 1–2 Messerspitzen geriebene Taiga-Wurzel (ein der Ginseng-Wurzel ähnliches Stärkungs- und Aufbaumittel)
- 2 EL Ingwermark (frischen Ingwer schälen und im Mörser oder mit einem Stein auf einem Holzbrett möglichst gut zerquetschen)
- 1 EL Zimt (dünne Zimtstangen im Mörser zerkleinern, kein Pulver oder Öl)
- ca. 30 Pfefferkörner (schwarze Körner zerstoßen)
- 1 EL Kardamon (nur die Körner, zerkleinern)
- 1 Messerspitze Muskatnuß (reiben)
- 3 Gewürznelken (ganz)
- 1 Messerspitze Safran

Die fertigen Zutaten in 1/2 Liter kochendes Wasser geben und etwa zehn Minuten leicht kochen lassen. Der Duft der Gewürze erfüllt den Raum und gibt einen Vorgeschmack auf die besondere Qualität dieses Getränks. Zum Kochen keinen Alu- oder Emailletopf benutzen, sondern einen Topf aus Bronze, Messing, Kupfer oder Gußeisen.

Nach dem Kochen ziehen lassen und abseihen. Das Getränk läßt sich im Kühlschrank ohne weiteres einige Tage aufbewahren. Es kann heiß oder kalt getrunken und mit Milch oder schwarzem Tee und Honig abgerundet werden.

Aus den abgeseihten Zutaten läßt sich, wenn sie gründlich zerkleinert wurden, auch eine Salbe zubereiten. Sie wird äußerlich angewendet und belebt den Körper und die Geschlechtsorgane. Als Basis nimmt man Glycerin oder wassergepufferte Salbengrundlage (10–20%) aus der Apotheke. Sie wird gründlich mit den abgeseihten Zutaten vermengt und kann nach Belieben mit einem Duftstoff, wie z. B. Rosenessenz, verfeinert werden. Die Salbe ist mehrere Monate haltbar und sollte über längere Zeit im Kühlschrank aufbewahrt werden. Sie kann auf den ganzen Körper aufgetragen werden, auch auf die Geschlechtsteile (dort vorsichtig testen, ob sie auch vertragen wird). Etwa zehn Minuten einwirken lassen, dann abspülen. Sie hat zunächst eine kühlende, dann eine erhitzende Wirkung und läßt sich hervorragend vor einem (gemeinsamen) Bad benutzen.

Die Kunst der Selbstdarstellung

Wünsche äußern

Nur wer über seine Bedürfnisse wirklich Bescheid weiß, kann sie auch befriedigen. Die Schwierigkeit liegt darin, wirkliche Bedürfnisse von bloß eingebildeten zu unterscheiden. Erst wenn ich mir selbst über meine Wünsche klargeworden bin, kann ich sie auch anderen mitteilen und sie dadurch Wirklichkeit werden lassen.

Dieser Übergang ist der springende Punkt. Es finden sich immer Gründe, um Wünsche zu unterdrücken: Konventionen (bloß nicht als Egoist erscheinen), Schüchternheit (man akzeptiert sich selbst nicht), Angst vor der Wirklichkeit (die Sehnsucht als Mauer gegen die Realität, der Wunsch darf gar nicht erfüllt werden, er muß unmöglich sein). Auch die umgekehrte Einstellung kann vorkommen: eine Inflation der Wünsche, die die Erfüllung der wesentlichen verhindert.

Häufig also sind es Sprach- und Kommunikationsschwierigkeiten, an denen die Erfüllung unserer Bedürfnisse scheitert. Bevor wir näher auf die Selbstdarstellung eingehen, zunächst einige typische Beispiele für schwierige Situationen.

Mehrfache Antworten sind möglich. Der Einfachheit halber ist von einer Partnerin die Rede, für männliche Partner gilt natürlich das gleiche.

- Du hast beim sexuellen Zusammensein einen bestimmten Wunsch, etwas, das deine Partnerin noch nicht mit dir gemacht hat. Wie äußerst du das?
- Du hast während des Geschlechtsverkehrs Hunger. Was sagst du?
- Du mußt während des Geschlechtsverkehrs auf die Toilette. Was sagst du?
- Deine Partnerin ist bereits eingeschlafen, du möchtest noch etwas von ihr. Wie äußerst du deinen Wunsch?
- Deine Partnerin hat einen Gegenstand gekauft, der ihr sehr gefällt, über den sie sich freut. Du kannst damit nichts anfangen, findest ihn vielleicht sogar eher häßlich. Wie reagierst du?
- Du möchtest mit deiner Partnerin ins Kino, weißt aber, daß sie nicht so gerne ins Kino geht. Was sagst du?
- Was würde deine Partnerin wirklich schockieren?
- Gibt es einen Satz, einen Wunsch, den du in deiner aktuellen Beziehung nie ausgesprochen hast? Warum nicht?

Welche Handlungsmuster zeigen sich in deinen Antworten? Sind sie nüchtern und direkt, sind sie originell, zaghaft oder aufdringlich, sind sie positiv formuliert? Was wird eher unterdrückt: dein Interesse oder das der Partnerin?

Unausgesprochene Wünsche und Meinungen binden die kreativen Energien, bremsen die Liebesfähigkeit, haben Mißverständnisse zur Folge. Bei zu viel Rücksichtnahme geht so viel verloren, daß am Ende der gegenteilige Effekt herauskommt. Oft unterdrücken wir Aussagen, weil sie peinlich, verletzend oder obszön wirken könnten oder weil sie zuviel von uns preisgeben – und so wird vielleicht gerade das vermieden, worauf der andere sehnlichst wartet.

Ich-Sagen will gelernt sein

Das fängt bei der sprachlichen Genauigkeit an. Wir sollten
mehr auf unsere Ausdrucksweise achten und Fehler bewußt
verbessern. Einige Richtlinien wären zum Beispiel:
- Vom eigenen Gefühl sprechen. Wünsche klar äußern.
- «Ich» sagen, nicht «man». «Man» bleibt unverbindlich,
  suggeriert scheinbar Allgemeingültigkeit, wo sich sub-
  jektive Vorgänge abspielen: Das «ich» wirkt persönlicher. Das eine ist Wischiwaschi, das andere glaubhaft.
- «Ich» sagen, nicht «du». Die eigene Sicht formulieren,
  nicht dem anderen etwas unterstellen. Jeder soll für sich
  sprechen.
- Positive Aussagen machen (lieber «ich will» als «ich will
  nicht»).
- Direkt reden, nicht indirekt. Nicht um den heißen Brei
  herumreden.
- Sich um eine schöne und gleichzeitig verständliche Sprache bemühen. Das betrifft auch die Aussprache: nichts
  verschlucken, nichts unterdrücken, nicht hetzen.

Alles hat Bedeutung

Ständig stellen wir uns selbst dar. Körper, Sprache, Kleidung, Dinge – alles wird Instrument und Ausdruck unserer
Persönlichkeit, alles wird mit Bedeutung versehen. Es gibt
nichts, das nichts bedeutet. Jede Begegnung beruht auf
Selbstdarstellungen, besonders Begegnungen mit Angehöri-
gen des begehrten Geschlechts. Die Mann-Frau-Beziehung
ist das klassische Feld der Selbstdarstellung. Hier kümmern

wir uns am meisten um unsere Wirkung, gleichzeitig wird nirgendwo sonst so viel gelogen.

Die erste Frau, der ein Mann gefallen möchte, ist seine Mutter. Ihr will er es recht machen, will von ihr akzeptiert, verwöhnt und bewundert werden. Was ihr nicht gefällt, wird unterdrückt oder nur heimlich und mit schlechtem Gewissen ausgeführt. Das gegenüber der Mutter erprobte Verhalten wird später, mit einigen Variationen, auf andere Frauen übertragen. Um sich von diesen alten Mustern lösen zu können, muß eine individuelle Praxis der Selbstdarstellung gefunden werden.

Geschenke

sind Überraschungen, aber nicht immer glücken sie. Sie können hinreißend wirken, belanglos oder auch tückisch. Sie können ebensoviel Freude wie Ärger auslösen, ebenso versöhnen wie entzweien, berauschen wie enttäuschen, heilen wie verwunden. Sie können Beziehungen anknüpfen, begleiten, aber genausogut vergiften.

Geschenke besitzen eine symbolische, eine ästhetische und eine materielle Dimension. Vor allem aber übermitteln sie Gefühle, sie sind Ausdruck einer Energieübertragung. Nicht auf die Großzügigkeit des Geldes kommt es an, sondern auf die Großzügigkeit des Gefühls. Unabhängig von seinem Inhalt stellt das Geschenk an sich bereits eine Botschaft dar: «Laßt Blumen sprechen». Im Schenken selbst, in der Geste, liegt das eigentliche Geschenk, nicht im Objekt. Das gilt genauso, wenn ein Geschenk verweigert wird.

Es gibt auch immaterielle Geschenke: ich kann jemandem

meine Zeit schenken, meine Aufmerksamkeit, meine Bewunderung, eine Idee, ein Lächeln, einen Kuß. Ob wir schenken oder beschenkt werden: Wir sollten es stets bejahen können. Ich freue mich, anderen etwas zu schenken, sie sind es wert. Ich freue mich, von anderen beschenkt zu werden, ich bin offen dafür, ich bin es wert.

Die folgenden Fragen dienen zur Klärung deiner persönlichen Praxis. Reflektiere vor allem die Gelegenheiten, die in deiner Erinnerung besonders haften geblieben sind, erfreuliche wie unerfreuliche, sowie die Erfahrungen der letzten Wochen.

Geschenke machen

- Wen habe ich beschenkt?
- Was war der Anlaß?
- Welche Gefühle bewegten mich vorher? Was habe ich mir dabei gedacht?
- Welche Erwartungen gegenüber dem Beschenkten waren damit verbunden?
- Wie habe ich das Geschenk übergeben, in welcher Situation, mit welchen Worten?
- Was drückte es aus, welche Art der Selbstdarstellung habe ich gegeben?
- Wie wurde es aufgenommen? Welchen Effekt hatte es? Welche bezeichnenden Worte sind mir in Erinnerung?
- Wie hoch war der Aufwand?
- Welche Gedanken und Gefühle bewegten mich, nachdem ich das Geschenk gemacht hatte? Habe ich etwas daraus gelernt?
- Wurde das Geschenk später erwidert?
- Schätze, wie oft du in deinem Leben etwas geschenkt hast. Unterscheide dabei drei Gruppen von Geschenken:

a) es sollte in erster Linie nützlich sein
b) du hast etwas weggegeben, was du nicht mehr brauchtest oder gar loswerden wolltest
c) es sollte Freude machen, uneigennützig.

Geschenke annehmen

- Von wem bekam ich das Geschenk?
- Was war der Anlaß?
- Hatte ich Erwartungen? Waren von der anderen Seite Erwartungen oder Bedingungen damit verbunden?
- Wie wurde mir das Geschenk übergeben, bei welcher Gelegenheit, mit welchen Worten?
- Was sagte es für mich aus, wie wirkte die Selbstdarstellung auf mich?
- Welcher Aufwand war ungefähr damit verbunden?
- Wie habe ich es angenommen? Welche Gefühle bewegten mich? Was ging mir durch den Kopf, wie reagierte ich darauf?
- Habe ich dieses Geschenk früher oder später erwidert? Wenn ja, in welcher Form, bei welcher Gelegenheit?
- Schätze, wie oft du im Leben etwas geschenkt bekamst. Unterscheide drei Gruppen von Geschenken:
  a) es sollte in erster Linie nützlich oder notwendig sein
  b) mir wurde etwas geschenkt, was andere nicht mehr brauchten oder gar loswerden wollten
  c) es sollte mir Freude machen und war uneigennützig.
- Was alles würde ich gerne geschenkt bekommen?
- Was ist dein sehnlichster Wunsch?

Das Anmachen

Am Beispiel des Anmachens sind wir schon im ersten Teil auf Selbstdarstellungen eingegangen. Beobachte dich und andere in derartigen Situationen. Welche Geschichten ergeben sich, wie ist die Körpersprache, wovon wird gesprochen, welche Absichten sollen erkennbar und welche verschleiert werden? Was wirkt dabei authentisch?

Wenn auch Authentizität als roter Faden für Selbstdarstellungen dienen kann, so muß doch beileibe nicht darauf herumgeritten werden. Tricks sind durchaus erlaubt, sind wiederum selbst Ausdruck der vielseitigen Persönlichkeit. Authentisch sein heißt hier: Ich spiele mich.

Es sollte dir gelingen, den anderen für dich zu interessieren, ohne dich selbst dabei zu prostituieren. Vermittle, daß du der Richtige bist. Äußere dich frei, ohne Wenn und Aber, ohne dich zu rechtfertigen oder dich gar dafür zu entschuldigen, daß du so bist, wie du bist. Die Selbstdarstellung dient als Netz, um genau den Fisch zu fangen, den du haben möchtest.

Die Möglichkeit einer Ablehnung muß von vornherein einkalkuliert und akzeptiert werden. Sie beschädigt die eigene Vollkommenheit keineswegs. Wenn es nicht so läuft wie gewünscht, versuche keine Bestechungen. Vermeide, Zwang oder Druck auszuüben. Klammere dich nicht an Vorstellungen, die sich als unrealisierbar erweisen. Vermeide Verlegenheitshandlungen, nichtssagendes Gerede, nervöse und sinnlose Bewegungen wie Händeknoten etc. Interessanterweise äußern wir uns in fremden Sprachen, die wir nicht perfekt beherrschen, viel klarer und direkter als in der eigenen, da das Material zum Schwafeln fehlt.

Wichtig: das Zuhören, die Aufmerksamkeit für die Selbstdarstellungen der anderen Person. Dazu gehören auch
Nachfragen, Präzisierungen, Blickkontakte. Achte auf Ent-
wicklungen. Sei taktvoll und verbindlich, aber auch ent-
scheidungsfreudig. Drücke dich klar aus, rede nicht um den
heißen Brei herum. Ein spielerisches, phantasievolles Ver-
packen der eigenen Absichten dagegen kann das gegenseitige
Verständnis durchaus verbessern und macht Spaß.

Stelle deine Gefühle direkt dar, auch die, die dir schwierig
erscheinen, vor denen du Angst hast. Gestalte deine persönliche Geschichte frei und flexibel. Selbstdarstellungen sind in
gewisser Weise Überzeichnungen. Du bist nicht verpflichtet,
immer die gleiche Selbstdarstellung zu geben. Bemühe dich
gar nicht erst, so sein zu wollen, wie du glaubst, daß andere
dich haben möchten.

Wer anmachen will, muß es wirklich wollen! Die Erfolgs-
chancen sind dann am größten, wenn dir bewußt ist, worauf
du dich einläßt, und nicht dann, wenn du unter innerem
Druck, unter Erfolgszwang, aus Unsicherheit oder in falschen Situationen anmachst. Ein Gefühl des Überflusses ist
besser als eines des Mangels. Ob sexuell, emotional oder in-
tellektuell – erfolgreicher wirst du sein, wenn du etwas geben
kannst statt zu nehmen, wenn du nicht frustriert, sondern
erfüllt bist. Übrigens gibt es keine Lebenssituation, in der
Anmachen nicht möglich wäre. Gerade in subjektiv unmöglich scheinenden Situationen werden die Mechanismen der
Annäherung gut erkennbar.

Wem will ich gefallen? Ich mag mich selbst und interessiere mich für andere. Ich bin rücksichtsvoll, vermeide jedoch unnötige Umwege. Ich sage und zeige, was ich will.
Meine Unternehmungslust ist ebenso groß wie meine Ge-
duld. Ich spiele, aber ich spiele ehrlich. Sie oder er spielt eben-

falls. Neues Spiel, neues Glück. Ich setze mich selbst nicht unter Druck und lasse mich von anderen nicht unter Druck setzen. Ich breite die Arme aus, denn ich bin offen für alles, was geschieht.

Krisensituationen

Jedes Liebesverhältnis versucht, die ursprüngliche Mutter-Kind-Einheit sowie, in zweiter Linie, verbindliche Verhältnisse zu Geschwistern oder anderen Bezugspersonen wiederherzustellen. Frühe Bindungen besitzen Modellcharakter. Jede Partnerschaft spielt vor dem Hintergrund der familiären Beziehungen.

Die folgenden Fragen beschäftigen sich vor allem mit der Machtverteilung und den Geschwisterbeziehungen:

- Wo erkenne ich einen Zusammenhang zwischen den Lebensbedingungen meiner Kindheitsfamilie und meinem Verhalten heute?
- Wer gab in Streitigkeiten zumeist nach?
- Wer gab den Ton an?
- Wer hat die Pflichten des anderen miterledigt?
- Wer hat den anderen gedeckt, zu welchem Preis?
- Wer verriet den anderen?
- Wie wurde Rache geübt?
- Nach welchen Prinzipien wurde geteilt?
- Wie habt ihr euch gestritten?
- Wieweit wart ihr bei Angriffen von außen solidarisch?
- Wer war das Lieblingskind der Mutter, des Vaters?

Eifersucht

Eifersucht ist die Angst davor, daß symbiotische Verhältnisse durch einen Eindringling bedroht werden. Es handelt
sich um ein vielfältig zusammengesetztes Gefühl. Oft tarnen
wir Neid, Angst oder Haß als Eifersucht – weil «Eifersucht»
noch einen heroischen Beiklang, ein Stückchen Leidenschaft
beinhaltet und leichter akzeptiert wird.

Wir fürchten die Eifersucht, weil sie uns an unsere eigene
Ohnmacht erinnert. Sie weckt Verlustängste, unser Bedürfnis nach Nähe und Dauer ist stärker als die Fähigkeit, Wechsel, Wachstum und Distanz zu akzeptieren. Wir klammern
uns an die Beziehung, wir wollen nicht loslassen.

Aus solchen Konflikten entstehen beträchtliche Aggressionen. Wogegen richten sie sich?

▨ Gegen mich selbst. Vom Glück ausgeschlossen, richte
ich die Wut nicht nach außen, sondern fresse alles in mich
hinein. Der Schmerz erweitert sich zu einem schwarzen
Loch, das einen Großteil meiner Energien schluckt.

▨ Gegen die Partnerin. In der Wut über ihr Verhalten äußere ich vor allem Neid auf die Freiheit, die sie sich gestattet. Sie demonstriert, daß ihr an der Freiheit mehr
liegt als an unserer Verbindung.

▨ Gegen den Nebenbuhler. Ich verteidige mein Revier, ge-
rate in Wut darüber, daß er offenbar etwas hat, das ich
nicht bieten kann.

▨ Gegen alles und jeden. Haß und Verachtung für die Welt
breiten sich in mir aus.

Als Reaktion auf die Bedrohung bieten sich im Theater der
Eifersucht mehrere Abwehrmechanismen an:

- Die Leugnung. «Was ich nicht weiß, macht mich nicht heiß», ich will es nicht wahrhaben, weigere mich kindlich, an das «Schlimmste» zu glauben. Ich schläfere das Bewußtsein ein und suche Vergessen.
- Die Entwertung. Ich mache mich selbst, die Partnerin oder den Eindringling schlecht. Ich sammle alle Argumente, die meinen Aggressionen recht geben.
- Die Idealisierung. Ich verkläre mich selbst, die Partnerin oder den Eindringling. Ich umgebe mich mit einem Schutzschild von Argumenten, die die Situation beschönigen, ich lobe und zeige mich beeindruckt.
- Die Bestrafung. Ich arbeite mit Vorwürfen, Drohungen, Herabsetzungen. Ich versuche, Abhängigkeiten zu schaffen und aufrechtzuerhalten. Ich jammere, ich meckere, ich schweige. Ich bin boshaft. Ich impfe dem anderen Schuldgefühle ein und entziehe ihm demonstrativ meine Liebe.

Häufig kommt es auch zu einer Mischung dieser «Techniken». Bei Abwehrgedanken und Abwehrhandlungen handelt es sich um Schutzmechanismen, die das symbiotische Verhältnis erhalten sollen. Doch sie sind auf Sand gebaut. Auch Straf- und Racheaktionen ändern kein Verhalten, sondern unterdrücken es nur und machen es einer wirklichen Änderung unzugänglich.

Selbstbewußtsein: das Gegenteil von Eifersucht

Es gibt freilich Wege im Umgang mit der Eifersucht:

- ich arbeite am Abbau von Eifersucht und Verlustangst
- ich versuche, von Neid und Mangelgefühlen frei zu werden: Es gibt für alle genug
- soweit es in meiner Macht steht, revidiere ich symbiotische Verhältnisse, besonders die Beziehung zu meinen Eltern
- ich zeige Mut und tue gerade das, wovor ich Angst habe
- ich lerne, Zurückweisungen zu akzeptieren
- ich gewinne Distanz, werde frei zur Wahl von Bindungen als Gegenentwurf zu Abhängigkeit und falschem Engagement
- ich denke an das eigene Verhalten als Eindringling
- ich ergreife die Initiative, glaube an die eigenen Fähigkeiten, mache mich nicht von anderen abhängig
- ich orientiere mich am Lustprinzip, ich schüre das Lebensfeuer
- ich liebe mich selbst
- ich interessiere mich für viele Menschen
- ich prüfe die Möglichkeit einer Ergänzungspartnerschaft
- ich lasse andere Meinungen gelten
- ich übe Solidarität, ich fühle mich Gruppen zugehörig
- ich entwickle eigene Vorstellungen von Recht und Moral
- ich mache agreements (ausführlich und klar formuliert)
- ich setze Vertrauen in das Leben und in andere Menschen
- Verluste lassen sich im Leben nicht vermeiden

Das agreement

Jede Partnerschaft stellt einen Vertrag auf Gegenseitigkeit dar, auch wenn wir uns dessen nicht immer bewußt sind. Meist glauben wir, daß der Partner die Beziehung aus ähnlichen Gründen eingeht wie wir selbst – und fallen dann aus allen Wolken, wenn das nicht so ist. Es bewährt sich, ausdrücklich auf diesen Vertragscharakter einzugehen: in Form eines agreements. Zu Beginn einer Beziehung, bei Unstimmigkeiten und auch bei Trennungen klärt eine schriftliche Übereinkunft (agreement) die Positionen, arbeitet heraus, was sonst nur stillschweigend unterstellt oder undeutlich wahrgenommen wird.

Es geht mehr um eine grundsätzliche Bewußtwerdung und Verständigung als darum, die festgehaltenen Punkte als Gesetze zu betrachten. Die Form des agreements sollte individuell gestaltet werden, wir empfehlen an dieser Stelle nur ein paar Leitlinien.

Ihr solltet festhalten: was ihr in die Partnerschaft einbringen wollt / was jeder vom anderen braucht / worauf ihr (noch) nicht verzichten möchtet / was ihr voneinander und von eurer Beziehung erwartet / worüber ihr euch verständigen wollt / welche Punkte besonders heikel sind (Eifersucht, Besitz etc.) / welche Freiheiten ihr euch zubilligt, wo ihr die Grenzen zieht / wie es in die Praxis umgesetzt werden soll.

Die Ergänzungspartnerschaft

Ergänzungspartnerschaften stellen die Eifersucht auf den Kopf: statt daß Nebenbuhler sich bekämpfen (ein endloser Kampf, denn mögliche Konkurrenten gibt es immer und fast überall), versuchen sie, den anderen als Bruder oder Mitgeliebten einzubeziehen. Dieser Ansatz löst manche negativen Vorstellungen auf: es zeigt sich, daß der andere kein besserer Liebhaber ist (meist sind beide gleich mittelmäßig), daß er genauso seine Macken hat. Gemeinsame Gefühle, gemeinsame Liebe verbinden nun plötzlich, anstatt zu trennen. Das kann für beide entlastend wirken, sofern das gemeinsame Interesse besteht, diese Frau zu lieben. Denn worauf wollen wir hinaus: Soll die Frau geliebt werden oder brauchen wir sie als alleiniges Besitzobjekt?

In einem agreement zu dritt läßt sich herausfinden, wieweit gemeinsame Interessen verwirklicht werden können, was man miteinander unternehmen will, was man nur zu zweit oder allein machen möchte und ob Interesse an gemeinsamer Sexualität besteht.

Trennungen

Manche Beziehungen werden zu schnell getrennt. Nicht, daß es darum ginge, die Partnerschaft um jeden Preis fortzusetzen. Doch häufig verläuft der Prozeß der Trennung unkontrolliert, nicht selten als bloßer Racheakt. Eine bewußte, sorgfältige Trennung bietet eher Möglichkeiten, Verständnis für die Problematik beider Seiten zu entwickeln. Denn nur über Verständigung können wir etwas lernen und uns selbst davor bewahren, bei der nächsten Beziehung die gleichen Fehler zu wiederholen. Es geht also nicht darum, mit dem Messer weiter in der Wunde herumzuwühlen, sondern sich gegenseitig etwas mitzugeben.

Eine Trennung sollte klar und konsequent sein. Trotzdem können beide sich, wenn es sinnvoll erscheint, für die Zukunft auf ein wohlwollendes Nebeneinander einigen. Die gemeinsamen Erfahrungen können förderlich eingesetzt werden, man dient sich gegenseitig als Ratgeber. Die Einzelheiten können in einem agreement festgelegt werden.

Leid und Wachstum

Leid fordert uns heraus, drängt zu Veränderungen, schickt uns auf die Suche nach Qualitäten. Leid provoziert Wachstum. Nur durch unsere innere Entwicklung, den Erwerb von Kompetenz und Erfahrung, überleben wir, sind wir unseren zukünftigen Aufgaben gewachsen.

Leid drückt die Unzufriedenheit mit einer Situation aus, es zeigt einen Mangel an Energie, die Probleme im Sinne unserer Wünsche zu lösen. Wünsche und Grenzen hängen zusammen. Im Leiden artikuliert sich die Erfahrung dieser Grenzen, in Wünschen die Sehnsucht, sie zu überschreiten. Im Prozeß der Überwindung erweitern wir unsere Möglichkeiten, schieben die Grenzen hinaus, eröffnen uns neue Werte und Freuden, aber gleichzeitig auch neue Grenzen und neues Leid. Wer Wachstum und Lebendigkeit will, für den ist Leid unvermeidlich. Kein Entwicklungsschritt ohne Risiko.

Liebe und Leid sind Geschwister. Wollten wir allem Leid entgehen, so müßten wir auch auf alle Liebe verzichten. Leid öffnet uns die Augen. Wir sollten nicht erstarren, sondern Unbehagen äußern, ihm aktiv begegnen.

Sexualität in der Partnerschaft

In diesem Kapitel haben wir zunächst grundlegende Informationen über Empfängnisverhütung und Geschlechtskrankheiten zusammengestellt. Im zweiten Teil gehen wir am Beispiel des Pettings, des Cunnilingus und der Fellatio auf häufige sexuelle Probleme und Mißverständnisse in der Partnerschaft ein.

Empfängnisverhütung

Richtige Empfängnisverhütung ist eine Frage der Kommunikation zwischen den Partnern. Die Diskussion sollte gleichberechtigt geführt werden, beide sind dafür verantwortlich. Neben zahlreichen Büchern und Broschüren informieren die pro-familia-Beratungsstellen und Ärzte, bei Frauen vor allem die Gynäkologinnen und Gynäkologen.

Der Menstruations-Zyklus Man verläßt sich auf die empfängnisfreien Tage der Frau, zum Beispiel die Zeit der Menstruation, die «roten Tage», die deshalb früher als die sexuellen Tage galten. Bei der sogenannten Knaus-Ogino-Methode wird versucht, die empfängnisfreien Tage im normalerweise 28tägigen Ei-Zyklus zu berechnen. Um genaue individuelle Werte zu erhalten, muß die Periode über ein Jahr beobachtet werden und darf keinen starken Schwankungen unterliegen. Eine derartige Verhütungsmethode ist also nur dann sicher, wenn sie seit Jahren praktiziert wird und ein stabiler Rhythmus vorliegt. In einfachen, nichtindustrialisierten Kulturen verlaufen die Eisprung-Zyklen sehr viel regelmäßiger als in unserer künstlichen Umwelt, die eine unregelmäßigere Lebensweise zur Folge hat. Gleiches gilt für die Temperatur-Meßmethode.

Temperatur-Meßmethode Durch Messen der Körpertemperatur lassen sich der Zeitpunkt des Eisprungs und die empfängnisfreien Tage bestimmen. Voraussetzung ist, daß der Zyklus über mehrere Monate beobachtet und jeden Morgen die Temperatur gemessen wird. Sie sinkt beim Eisprung um etwa 0,2 Grad, steigt am nächsten Tag um 0,8 bis 1,2 Grad an und bleibt dann bis zur Regel auf diesem Niveau. (Wenn sie dann nach 16 Tagen noch nicht wieder zurückgeht, ist die Frau zu 98 % schwanger.) Einige Tage nach dem Temperaturanstieg bis zu Beginn der Periode ist eine Schwangerschaft äußerst unwahrscheinlich.

Diese Methode hat den Vorteil, daß sie Geschlechtsverkehr ohne störende Hilfsmittel möglich macht, sie ist jedoch andererseits relativ unzuverlässig, das Risiko dabei also nicht unbeträchtlich. Ein Anstieg der Temperatur kann auch durch Krankheiten oder Umwelteinflüsse verursacht werden.

Präservative Diese Verhütungsmethode wird seit dreitausend Jahren praktiziert. Früher wurden unter anderem Fischblasen verwendet. Während es noch Anfang des Jahrhunderts wiederverwendbare Präservative gab, die gewaschen und getrocknet wurden, sind alle heutigen Kondome Einweg-Artikel. Es gibt dicke und dünne, trockene und feuchte und solche mit besonderen Beschichtungen. Die besonders feuchten gelten eher als «gefühlsecht», bei ihnen besteht jedoch auch mehr Gefahr, daß sie abrutschen oder sich aufrollen. Je trockener und stärker sie sind, um so eher beeinträchtigen sie die Gefühle, besonders beim Mann. Kondome mit Noppen und ähnlich präparierter Oberfläche sollen die Reizung erhöhen, doch nicht immer stellt sich der gewünschte Effekt ein, man kann es ja mal versuchen. Die Chinesen banden deshalb übrigens ein kleines Pelzchen oder das Augenlid einer Ziege über das Präservativ.

Ein Kondom soll nur einmal benutzt werden. Es läßt sich, entgegen einer weitverbreiteten Annahme, auch in nichterigiertem Zustand überstülpen – oben festhalten und einfach mal ausprobieren! Damit sich der Samen sammeln kann, läßt man es vorne etwas überstehen. Bevor das Glied erschlafft, wird es herausgezogen und das Kondom dabei festgehalten.

Man sollte Präservative nicht zusammen mit zusätzlichen Gleitmitteln benützen, denn das kann zu Hautreizungen führen.

Präservative sind überall erhältlich, stellen einen vergleichsweise zuverlässigen Empfängnisschutz dar und werden seit der Aids-Gefahr zunehmend verwendet. Trotzdem ist der Umgang mit Kondomen oft recht verkrampft. Statt sich irritieren zu lassen, sollte man damit spielen und experimentieren und sie bewußt ins Liebesspiel einbauen. Zum Beispiel, indem man sie nicht verschämt unter dem Bett versteckt und nach Gebrauch in die Ecke wirft, sondern auf einem Silbertablett serviert; oder du übst das Auspacken und Überziehen mit geschlossenen Augen.

Diaphragma Ein Diaphragma oder Pessar besteht aus einer gewölbten Gummischeibe mit verstärktem Rand. Die richtige Größe wird vom Arzt/der Ärztin ausgewählt, dann kann die Frau es selbst einsetzen und herausnehmen. Es läßt sich leicht in die Scheide einführen. Das kann einige Stunden oder auch unmittelbar vor dem Geschlechtsverkehr geschehen. Dann bleibt es sechs Stunden drin. Der vordere Rand liegt auf dem Schambein, das Diaphragma saugt sich an und überdeckt den Muttermund, so daß das Sperma nicht in die Gebärmutter gelangen kann. Das Diaphragma wird zusätzlich mit einer spermaabtötenden Creme bestrichen, die nach jedem Samenerguß erneuert werden muß. Nach dem Geschlechtsverkehr soll es sechs bis acht Stunden in der Scheide bleiben, danach wird es abgetrocknet, eingepudert und sollte nicht an der Luft liegenbleiben. Im Gegensatz zum Kondom bleibt das Diaphragma während des Geschlechtsverkehrs unsichtbar, etwaige ästhetische Beeinträchtigungen fallen weg.

Die bloße Verwendung von Schaumzäpfchen oder empfängnisverhütenden Cremes dagegen, die zehn oder zwanzig Minuten vor dem Verkehr eingeführt werden, worauf frau ruhig liegen bleibt, ist nur sehr bedingt zu empfehlen. Die Schleimhautflora wird durch diese Mittel geschädigt.

Die Spirale Vor Erfindung der «Pille» war die Spirale ein weitverbreitetes Verhütungsmittel. Es handelt sich um eine feine Kupferspirale, die von der Ärztin oder dem Arzt durch ein Röhrchen geschoben und im Muttermund eingehängt wird. Sie verhindert, daß das Ei sich in der Gebärmutterwand einnistet. Die Spirale stellt einerseits ein recht bequemes Verhütungsmittel dar, denn sie bleibt für etwa fünf Jahre im Körper und muß, einmal eingesetzt, nicht ständig gepflegt oder ausgetauscht werden. Andererseits bleibt dadurch ein Fremdkörper in der Scheide, der den Körper zur ständigen Produktion und Abstoßung von Schleimhaut reizen kann und möglicherweise Infektionen begünstigt. Bei verstärkter Regelblutung kann eine Spirale unangenehm werden. Von Zeit zu Zeit sollte untersucht werden, ob sie noch richtig sitzt. Das Fädchen, durch das die Spirale wieder entfernt wird, kann unter Umständen vom Penis des Partners berührt werden und etwas stören. Trotzdem muß es kurz sein, da sonst Bakterien über diesen Faden wie an Rapunzels Zopf in das Körperinnere gelangen können.

Coitus interruptus Abbruch des Geschlechtsverkehrs vor dem Samenerguß. Eine sehr unsichere Praktik. Bei etwa der Hälfte aller Männer tritt Samen, vermischt mit Prostataflüssigkeit, schon vor dem Samenerguß aus, manchmal selbst bei wenig erigiertem Penis. Außerdem bleibt nach jedem Geschlechtsverkehr, nach jeder Masturbation Sperma in der Harnröhre zurück, das bei Fortsetzung des Intimkontakts, sei es durch erneutes Einführen des Penis, sei es über die Finger, in die Scheide gelangen kann. Der coitus interruptus setzt bei der Frau großes Vertrauen in die Übung des Partners voraus. Die beiderseitige Anspannung beeinträchtigt den Genuß der Sexualität. Wird der coitus interruptus über Jahre praktiziert, können psychische Störungen, vorzeitiger Samenerguß oder Impotenz auftreten.

Auch andere Techniken, den Samen mit der Hand am Austritt zu hindern, etwa der Druck auf das Perinäum, bei dem der Samenfluß zwischen Hoden und Harnröhre unterbunden werden soll, stellen eine höchst unsichere Empfängnisverhütung dar, noch fragwürdiger ist das Abklemmen an der Peniswurzel. Orgasmusvermeidung ist keine Empfängnisverhütung.

Pillen Ende der fünfziger Jahre revolutionierte die Erfindung der «Pille» die Sexualpraktiken. Ursprünglich handelte es sich um ein natürliches Präparat, der Grundstoff wurde aus einer Pflanze gewonnen, inzwischen wird der Wirkstoff weitgehend künstlich hergestellt. Die Pille «überlistet» den Körper, dem durch Zuführung der Hormone Gestagen und Östrogen vorgegaukelt wird, daß eine Schwangerschaft bereits eingetreten sei. Der Eisprung wird dadurch unterdrückt.

Die Pille hat auch psychische Konsequenzen: sie vermindert die Libido, befreit aber andererseits von der Angst einer ungewollten Schwangerschaft. Nach mehrjährigem Gebrauch kann sich eine Pillenaversion einstellen, außerdem kann es zu hormonellen Störungen kommen. Die Pille verändert den Körper: der Zustand der Haut kann sich verbessern, Pigmentstörungen können zurückgehen, Haarausfall vermindert und die Blutung regelmäßiger und weniger schmerzhaft werden. Hingegen kommt es häufig zu Übelkeit, die Empfindlichkeit für Sonneneinstrahlung und Pilzerkrankungen nimmt zu. Es können Blutungen außerhalb der Regel auftreten, das Scheidenmilieu kann sich verändern, so daß nicht mehr genügend Gleitflüssigkeit produziert wird.

Bei der Mini-Pille handelt es sich um eine Weiterentwicklung, bei der der Eisprung nicht verhindert wird. Sie soll die Nebenwirkungen herabsetzen, weil sie nur Gestagene, keine Östrogene enthält, hat dafür jedoch andere Nachteile. Sie muß äußerst pünktlich und beständig eingenommen werden, es kommt auf Minuten an, sie eignet sich also nur für pingelige Charaktere. Bereits Erbrechen oder Durchfall kann den Zeitpunkt der Einnahme verschieben und dadurch die Wirkung der Pille verhindern.

Eine Pille für den Mann wurde leider noch nicht erfunden,

so daß bei dieser Form der Verhütung die Verantwortung einseitig der Frau überlassen bleibt.

Von der sogenannten Depot- oder Dreimonats-Spritze, bei der die Wirkstoffe statt in Pillenform als Flüssigkeit direkt injiziert werden, ist wegen der extremen Nebenwirkungen abzuraten. Sie wird vornehmlich in der Psychiatrie eingesetzt.

Über die «Pille danach», eine relativ neue und im Prinzip nützliche Entwicklung, wird viel diskutiert. Ihre Nebenwirkungen sind noch wenig bekannt. Häufig kommt es zu Brechreiz, Übelkeit, Zyklusstörungen oder Schmerzen in den Brüsten. Durch eine hohe Östrogen-Dosis verhindert diese Pille das Einnisten eines möglicherweise befruchteten Eis. Relativ unproblematisch ist eine Einnahme binnen 24 Stunden, dann fällt die Belastung mit Fremdstoffen etwa so hoch aus wie bei regelmäßiger Pilleneinnahme. Je später die Tablette eingenommen wird, desto höher muß die Dosierung sein, und wenn frau die Pille erst fünf Tage nach der Empfängnis nimmt, enthält diese Dosis so viel Östrogen, wie mit der herkömmlichen Pille während eines Zeitraums von dreieinhalb Jahren aufgenommen wird. Die Nebenwirkungen sind dann so unkalkulierbar, daß ein Abbruch oft sinnvoller scheint.

Schwangerschaftsabbruch Schwangerschaftsabbruch ist keine Empfängnisregelung, sondern eine Maßnahme für den Notfall. Er ist gesetzlich stark eingeschränkt. Methoden zur Abtreibung gab und gibt es in jeder Kultur, und jede dieser Maßnahmen, so verschieden sie auch sein mögen, stellt einen gravierenden Eingriff dar. Durch unsachgemäße Abtreibungsversuche kam es früher zu schweren Störungen: da stocherten die Frauen mit Stricknadeln in der Gebärmutter herum, sprangen vom Schrank oder stürzten sich vom Pferd oder vom fahrenden Motorrad, um den Embryo abzutöten, der dann vom Körper ausgeschieden wird. Bei Abtreibung unter ärztlicher Führung wird bis zur zwölften Woche meist die Methode des Absaugens angewendet, die Gebärmutter wird regelrecht ausgesaugt, was im Vergleich noch am angenehmsten ist.

Der Körper kann eine Schwangerschaft auch von selbst abbrechen, dann kommt es zu einer Totgeburt. Im Prinzip läßt sich das Hormon, das dafür verantwortlich ist, künstlich herstellen und im Falle einer Schwangerschaft auf den Muttermund pinseln. Wenige Stunden später setzen dann bereits die Wehen ein, der Embryo wird abgestoßen. Die Herstellung dieses Stoffes ist jedoch so teuer, daß er in der Praxis noch keine Anwendung findet.

Sterilisation Eine Sterilisation ist bei Frauen wie bei Männern möglich, die Samen- bzw. Eileiter werden operativ durchtrennt. Diese Entscheidung stellt einen einmaligen Schritt dar, denn wer es sich später einmal anders überlegt und doch Kinder zeugen möchte, kann die Sterilisation, wenn überhaupt, nur durch ein sehr kompliziertes Verfahren wieder rückgängig machen. Hat man sich trotzdem für eine Sterilisation entschieden, so liegen die Vorteile auf der Hand: die Empfindungen werden nicht durch künstliche Verhütungsmittel beeinträchtigt, die Diskussionen über Verhütung fallen weg, was eine gewisse psychische Erleichterung darstellt. Frauen, die sich sterilisieren lassen, können sich möglicherweise erhöhtem Rechtfertigungsdruck ausgesetzt sehen.

Geschlechtskrankheiten

Geschlechtskrankheiten zu ignorieren ist ebenso falsch, wie ständige Befürchtungen zu hegen.

Man unterscheidet zwischen meldepflichtigen und nicht-meldepflichtigen Geschlechtskrankheiten. Die Meldepflicht der Ärzte besteht gegenüber dem Gesundheitsamt.

Zu den meldepflichtigen Geschlechtskrankheiten gehören:

Gonorrhö (Tripper) und Chlamydien Beide Erkrankungen werden durch Gonokokken-Bakterien verursacht, die die Schleimhäute des Körpers angreifen. Sie sind unter dem Mikroskop gut nachweisbar. Theoretisch können alle Schleimhäute davon betroffen werden, in der Praxis kommt der Tripper jedoch bei Mund, Nase und Augen nur selten vor, da eine direkte Infektion Voraussetzung ist. Wenn die Krankheit auch in den Mund- oder Nasenschleimhäuten weit seltener ausbricht, so können die Bakterien dort doch transportiert werden. Ansteckungsgefahr besteht bei oralem und genitalem Geschlechtsverkehr. Die Abwehrkräfte des weiblichen Körpers werden stärker beansprucht, da die Schleimhautoberfläche um ein mehrfaches größer ist.

Tripper äußert sich durch Brennen beim Urinieren und scharfen Uringeruch. Die Inkubationszeit – der Zeitraum zwischen Ansteckung und Ausbruch der Krankheit – beträgt drei bis fünf Tage. Bei Männern tritt ein starker, eitriger Harnröhren-Ausfluß auf, bei Frauen ist er kaum feststellbar. Vor Entdeckung des Penicillins behalf man sich mit «konservativer Behandlung», um die Bakterien «auszuhungern», zum Beispiel durch Diät, sexuelle Abstinenz, hygienische Maßnahmen. Die Penicillin-Behandlung ist zwar bequem, aber nicht unproblematisch. Es stellt sich die Frage nach der richtigen Dosierung. Penicillin zerstört Teile der Magen-Darm-Flora, und inzwischen haben sich antibiotika-resistente Gonokokken gebildet.

Tückisch ist die Krankheit in festen Beziehungen, wenn sich beide Partner angesteckt haben, aber nur einer sich behandeln läßt. Denn nach Behandlung ist der Körper noch stärker anfällig, da die körpereigenen Abwehrkräfte geschwächt sind. Um die Möglichkeit einer Selbstansteckung zu vermeiden, empfiehlt es sich außerdem bei Verdacht, Bettwäsche und Handtücher häufig zu wechseln.

Die Chlamydien stellen eine Variante der Gonokokken-Bakterien dar. Sie kommen ursprünglich aus Ägypten und haben sich nicht zuletzt durch Fernreisen inzwischen auch bei uns weit verbreitet. Auch bei einer Chlamydien-Infektion kommt es, wenngleich weitaus spärlicher, zu Harnröhren-Ausfluß, ein weißer Schleim wird abgesondert. Die Inkubationszeit beträgt zwei bis drei Wochen, die Behandlung erfolgt ebenfalls mit Antibiotika.

Syphilis Im Gegensatz zum Tripper ist die Syphilis eine Viruserkrankung. Die Beschwerden sind deutlicher, die Folgen sichtbarer als beim Tripper: Drei bis vier Wochen nach der Infektion bilden sich kleine Geschwüre im Genital- und Afterbereich, manchmal auch am Mund, die einen entzündlichen Rand besitzen und allmählich wachsen. Nach einigen Wochen heilen sie vorübergehend von selbst wieder ab – eine trügerische Heilung, denn wenn die Syphilis deshalb nicht behandelt wird, bricht sie später verstärkt wieder aus. Durch

Blutuntersuchungen kann der Erreger während der Latenzzeit nachgewiesen werden. In dieser Phase ist die Krankheit nicht ansteckend. Sie verläuft in Intervallen und tritt nach mehreren Jahren zyklisch wieder auf. Im zweiten Stadium, sechs bis acht Wochen nach dem ersten Ausbruch der Krankheit, bilden sich ebenfalls Geschwüre, diesmal auch an anderen Stellen. Doch auch sie verheilen nach mehreren Wochen oder Monaten wieder. Im dritten Stadium bilden sich schließlich Geschwüre am ganzen Körper und auch im Körperinneren. Während sich Syphilis während des ersten und zweiten Stadiums erfolgreich behandeln läßt, verläuft das dritte meist tödlich. Zur Behandlung wird heute ebenfalls Penicillin verwendet.

Lymphopathia venerea (Lymphogranulom) Eine seltene Geschlechtskrankheit, bei der sich Lymphknoten um die Leistengegend entzünden. Die Krankheit ist unter dem Mikroskop nachweisbar. Die Inkubationszeit schwankt zwischen mehreren Tagen und vier Wochen, es tritt leichter Ausschlag auf, der nach 14 Tagen verschwindet, worauf die Lymphknoten schmerzhaft anschwellen.

Zu den nicht-meldepflichtigen Geschlechtskrankheiten gehören:

Trichomoniasis Bakterien-Erkrankungen durch Trichomonaden sind in den letzten Jahrzehnten zurückgegangen. Allerdings hat sich auch eine neue Form entwickelt, die Hamophylus (Gardnerella). Sie sind unter dem Mikroskop gut feststellbar und auch relativ leicht zu behandeln. Die Krankheit wird von starkem, fischähnlichem Körpergeruch besonders an den Genitalien begleitet, außerdem tritt leichtes Brennen auf.

Anaerobia Eine zur Zeit weitverbreitete Bakterienerkrankung. Die Bakterien kommen, oft in großer Zahl, in der Darmflora vor, werden aber erst dann bedenklich, wenn sie bei Ausscheidungen über den Anus zu den Genitalschleimhäuten gelangen. Man spricht von einer sogenannten «Schmierinfektion». Es treten nur schwache Symptome auf, ein leichter Ausfluß, Juckreiz, schlechter Geruch. Die Krankheit kann unter anderem mit Knoblauch behandelt werden (als Spülung oder Einführung), außerdem soll man die Verdauung regulieren, keinen Zucker essen, dafür scharfe Nahrungsmittel. Der After- und Genitalbereich muß trockengehalten werden.

Pilzinfektionen Zum Beispiel Candidiasis. Dabei treten Juckreiz und Hautrötungen auf. Die Krankheit wird meist medikamentös behandelt, klingt aber nicht selten auch von alleine ab. Auch Spülungen mit sauren Flüssigkeiten (Knoblauch, Essig, Yoghurt, Zitrone) helfen. Vor einem Arztbesuch sollte man jedoch nicht spülen, sonst sind die Pilze schwer nachweisbar. Salzlösungen sind für die Schleimhäute problematisch, und auch Penicillinbehandlung hat ihre Schattenseiten: Häufig tritt danach verstärkter Pilzbefall auf, da die körpereigenen Abwehrkräfte ebenfalls angegriffen wurden. Bei Pilzerkrankungen lassen sich nicht selten psychosomatische Zusammenhänge beobachten.

Herpes Eine unspezifische und in aller Regel gutartige Viruserkrankung, bei der sich weißliche Bläschen, zum Teil mit rotem Rand, bilden. Diese Bläschen öffnen sich nach einigen Tagen und sondern eine wässrige Flüssigkeit ab. Es gibt auch Bläschen, in denen sich Blut ansammelt. In der Zeit, in der Flüssigkeit austritt, kann die Krankheit durch Hautkontakt übertragen werden. Tritt sie an den Geschlechtsorganen auf (Herpes genitalis), kann sie schmerzhaft werden und ist durch Geschlechtsverkehr übertragbar. Bläschen am Mund und im Gesicht sind weniger unangenehm, dafür sichtbarer. Herpes ist dem Schnupfen nicht unähnlich, kaum wirkungsvoll zu behandeln und vergeht von selbst wieder.

Condylome Feigwarzen (weiche Warzen) an den Genitalien und am After. Sie werden durch einen Virus verursacht, ob sie ansteckend sind, ist umstritten. Ihre Heilung ist oft schwierig, häufig kommt es zu Rückfällen. Sie werden entweder abgeschnitten oder mit einem Zellgift behandelt.

AIDS

ist keine Geschlechtskrankheit, sondern eine durch einen Virus verursachte Immunschwächekrankheit, die unter anderem durch Geschlechtsverkehr übertragen werden kann.

Trotz intensiver und teurer Forschungen sind die Ursachen und Gefahren dieser Krankheit in letzter Zeit eher größer denn kleiner geworden. Nicht zuletzt dieser Unsicherheit wegen wird Aids nach wie vor dazu benutzt, um mit der Angst Politik und Geschäfte zu machen. Wenn auch das Risiko, sich eine Geschlechtskrankheit zuzuziehen, weit höher liegt, als Aids zu bekommen, ist Aids die Angstkrankheit Nr. 1.

Diese Ängste bei Intimkontakten sollten offen beredet werden. Ein Test erscheint dann sinnvoll, wenn konkrete Befürchtungen vorliegen, z. B. wenn unter den Intimpartnern ein Fall von Aids positiv bekannt wird. Freilich ist die Aussage der Tests nicht hundertprozentig zuverlässig. Einen Test ohne bestimmten Grund halten wir dagegen für nicht empfehlenswert.

Präservative schützen vor Aids. Bei neuen Partnern ist der Gebrauch von Kondomen angebracht, unabhängig von der Stärke der Liebesgefühle. Wenn auch Präservative nicht hundertprozentig zuverlässig sind und für Aids auch noch andere Übertragungsmöglichkeiten bestehen – sie reduzieren das Risiko so weit wie möglich.

Auch mit Aidsinfizierten ist unter Berücksichtigung gewisser Vorsichtsmaßnahmen Intimität und Geschlechtsverkehr möglich.

Petting

Zum Petting gehören alle sexuellen Zärtlichkeiten ohne genitale Vereinigung. Petting ist eine Form von sexuellem Verkehr ohne Risiko, im wesentlichen Masturbation durch den Partner. Petting erhält die Jungfernschaft. Oft wird es schon im Kindesalter bei Doktorspielen und ähnlichen Gelegenheiten praktiziert. Auch später sollte es nicht als Notlösung gelten, sondern als eigenständiges, schönes Liebesspiel, das nicht so ernst ist und doch bis zum Orgasmus führen kann. Es läßt sich ebenso vielfältig gestalten wie alle anderen sexuellen Praktiken auch. Petting ist Teil des Alltags, es sollte auch in Anwesenheit anderer, zum Beispiel der Kinder, stattfinden können und kann diese, wenn sie es wollen, miteinbeziehen.

Bei nacktem Petting ist darauf zu achten, daß kein Samen in die Nähe der Schamlippen kommt, auch nicht unbeabsichtigt mit den Fingern. Petting wertet die Körperteile auf, die nicht genital sind. Nicht zum Petting gehören Cunnilingus und Fellatio.

Cunnilingus und Fellatio

Alle Frauen genießen Cunnilingus, das Küssen und Lecken von Klitoris und Vagina mit Mund und Zunge. Doch die wenigsten Männer können damit gut umgehen, was zu weitreichenden Mißverständnissen führt. Am Ende mag sie den

Cunnilingus selbst nicht mehr, weil sie denkt, daß es ihm nicht liegt. Er wiederum ist verunsichert, ob sie das überhaupt will und so weiter. Obwohl sie es gerne hätte, gesteht sie sich es nicht zu. Für Fellatio gilt das gleiche. Für diesen zwiespältigen Umgang mit oraler Sexualität sind vor allem drei Gründe verantwortlich: negative Einstellung, Ekelempfindungen und falsche Ausführung.

Wie oft hast du in den letzten sechs Monaten Geschlechtsverkehr gehabt? Wie oft mit Cunnilingus und/oder Fellatio?

Oralverkehr ist eine eigene, selbständige Form der Sexualität. Wegen der verbreiteten genitalen Fixierungen gilt er oft nicht als «richtiger Sex», nur als Nummer im Vorspiel, als Trick zur raschen Steigerung der Erregung oder als ungeliebter Ersatz. Daher findet das, was möglich wäre, nicht statt: eigenständige Lust bis zum Orgasmus. Oralverkehr soll in sich selbst Spaß machen, was interessanterweise von Homosexuellen eher realisiert wird als von Heterosexuellen. Unter Homosexuellen, Frauen wie Männern, stellt Oralverkehr die mit Abstand häufigste Form der Sexualität dar.

Mir fehlen die Worte Ein Indiz für die versteckte Problematik bei oralem Sex sind, wie bei Sexualität überhaupt, die Schwierigkeiten, eine angemessene Sprache dafür zu finden. Der notwendige und wiederum selbst lustvolle Austausch über sexuelle Wünsche unterbleibt nicht zuletzt deshalb, weil unsere Sprache hierfür nur wenige und unzureichende Begriffe kennt. Lust sollte aber auch formuliert werden können, es sollten verschiedene und ruhig auch ungewöhnliche Bezeichnungen für Cunnilingus und Fellatio benutzt werden. Phantasievolle, poetische Einfälle sowie Fremd- und Geheimsprachen erleichtern den Umgang damit. Wichtig ist, daß nicht allein schon durch die Benennung negative Vorgaben gemacht werden, die dann zusätzlich überwunden werden müssen. Oralverkehr ist in unserer Kultur offenbar noch intimer als genitaler Verkehr, entsprechend wird darüber auch noch weniger gesprochen.

Was ist obszön? Nicht überall wird oraler Sex derart problematisiert: In Indien gilt beispielsweise der ganz «gewöhnliche» Zungenkuß als das Intimste, das es überhaupt gibt. Ein Kuß von Mund zu Mund in der Öffentlichkeit wirkt mindestens so obszön wie öffentlicher Geschlechtsverkehr. Umgekehrt wird Cunnilingus weniger als sexuelle Praktik angesehen denn als Massagetechnik und in Lehrbüchern auch als solche behandelt. In der Antike wurde Oralverkehr unter dem Gesichtspunkt des Nahrungskreislaufes betrachtet, als eine Art recycling, bei dem durch die Wiederaufnahme die männlichen und weiblichen Lustsäfte nicht verlorengehen. Wie heute noch in vielen Gesellschaften, galten sie als besonderes, lebensspendendes Elixier. Scham ist also von der kulturellen Definition abhängig.

Guter und schlechter Geruch Die Sprachschwierigkeiten hängen nicht zuletzt damit zusammen, daß Oralverkehr, bewußt oder unbewußt, als schmutzig oder doch unangenehm angesehen und erlebt wird – als etwas, das mit Ekelempfindungen verbunden ist. Schließlich dienen die Geschlechtsorgane gleichzeitig als Ausscheidungsorgane, Oralverkehr ist mit Geruchs- und Geschmacksempfindungen verbunden, die in jahrelanger systematischer Reinlichkeitserziehung bekämpft wurden. Geruchsbeurteilungen sind, gesellschaftlich wie privat, genauso zwiespältig wie das Verhältnis zur Sexualität überhaupt.

Ekel ist ein antrainierter Abwehrmechanismus und als solcher veränderbar. Soweit es sich um andere Menschen handelt, sind «guter» und «schlechter» Geruch abhängig von unserem Verhältnis zu diesen Menschen. Das drückt sich auch in Sprichwörtern und Redewendungen aus: «Ich kann ihn nicht riechen», sagt man von einem, den man nicht mag, und umgekehrt: «Ein Freund ist jemand, dessen Fürze nicht stinken.» Jeder hat die Relativität von Ekelempfindungen in der Sexualität schon selbst erfahren: je mehr man verliebt ist, um so weniger stören Geruchs- und Geschmacksempfindungen, sie werden vielmehr selbst Gegenstand der Liebe. Und je mehr man umgekehrt einen Partner oder eine Partnerin innerlich ablehnt, desto eher stellen sich unangenehme Sensationen ein. In solchen Fällen kommt es darauf an, diese nicht noch durch negatives Bewußtsein und herabsetzende Worte zu verstärken, sondern sich mit der Relativität des Ekels auseinanderzusetzen. Also nicht: «Das stinkt aber beschissen», sondern: «Gut, es riecht eben so, was ist es eigentlich, was mich daran stört, warum lasse ich es nicht zu» und so weiter. Wir sollten die Irritation nicht durch abfälliges Reden und Handeln vergrößern, weil wir dadurch auch uns selbst und unsere Körperlichkeit verunreinigen. Wir sollten vielmehr durch gelassenen und spielerischen Umgang mit dem Aroma der Geschlechtsorgane die eigenen Grenzen erweitern. Wir sind, was wir denken: je stärker die Abwehr, desto schlechter der Geruch – je größer die Bereitschaft zur Hingabe, desto schöner das Erlebnis.

Was neun von zehn Männern beim Cunnilingus falsch machen Männer sind beim Cunnilingus zu schnell, zu hart und zu heftig. Im Grunde versuchen sie, mit der Zunge einen erigierten Penis zu imitieren, der die Klitoris reizt und in die Vagina eindringt. Darum herum ist Niemandsland. Kein

Wunder, daß die Zunge bald weh tut, wenn der Muskel zusammengerollt wird, um die Spitze möglichst hart zu machen.

Doch die Zunge erigiert nun einmal nicht, sie dient anderen Aufgaben. Man kann mit ihr nicht nur essen und sprechen, sondern auch lecken. Die beste Vorübung für Cunnilingus ist: Eisschlecken. Beim Schlecken streicht die Zunge flächig über das Eis, von unten nach oben, mal in der Mitte, mal mehr auf der Seite, zwischendurch vielleicht auch einmal spitz, aber stets langsam, genußvoll und mit gleichmäßigem Druck. Dadurch entsteht ein Vakuum, durch das die Zunge das Eis ansaugt. Während aber ein Eis ruhig zu Ende geschleckt wird, überkommt viele Männer beim Cunnilingus nach kurzer Zeit ein merkwürdiger Trieb: Sie beschleunigen rasend, wohl in der Hoffnung, die ungeliebte Übung dadurch rascher beenden zu können.

Also: Zeit lassen. Neben flächigem Lecken sind auch Saugen, Schlabbern und Schlürfen sehr lustvoll, und, als Einlage ganz nett, Blasen, wie beim Aufblasen eines Luftballons. Von Hunden, überhaupt von Tieren, kann man in dieser Hinsicht viel lernen, sie gehen mit der Zunge weit gefühlvoller um als Menschen. Neben Klitoris und Vagina können auch die äußeren Schamlippen, der Venushügel und die Schamhaare Orte der Lust sein.

Dabei geht es nicht um Kraft, Heftigkeit oder Schnelligkeit. Nicht selten wird der klitorale Orgasmus gerade dadurch ausgelöst, daß der Reiz schwächer und nicht etwa stärker wird, auch Phasen fast ohne Aktivität sind möglich, Tempo kommt meist von allein dazu, man sollte es nur nicht forcieren. Der Cunnilingus läßt sich genauso «inszenieren» wie der übrige Geschlechtsverkehr auch, mit Vorspiel, Stellungswechsel, Pausen, Abschluß, Nachtisch etc. Damit

Nacken und Rücken des Mannes sich nicht verspannen, sollte die Frau nicht flach liegen, sondern ein Kissen unterlegen, oder sie liegt am Bettrand, und der Mann kniet. Bartstoppeln können das Vergnügen empfindlich beeinträchtigen.

Fellatio Ähnliches wie für den Cunnilingus gilt auch für die Fellatio. Es hapert beim gegenseitigen Austausch über Lust oder Nicht-Lust, an der Abneigung gegenüber den Körpersäften und an der richtigen Technik. Was für den Cunnilingus das Eis, ist für die Fellatio die Banane. An ihr können mann/frau unschwer herausfinden, wie viele verschiedene und subtile Möglichkeiten es gibt, einen Penis mit dem Mund zu lieben. Das Kamasutra bietet folgende an:

- Om-machen: der Penis wird in den Mund gesteckt, die Lippen schließen sich um ihn wie bei der Silbe «om».
- Seitliches Beißen: ein zärtliches Knabbern an der Seite, es muß also nicht immer der ganze Penis in den Mund genommen werden. Beißen meint nicht abbeißen (die gute alte Kastrationsangst), sondern einen leichten Kontakt und Druck mit den Zähnen, der absolut nicht unangenehm ist. Zuviel Vorsicht ist überflüssig.
- Außendruck: Das Glied wird fest zwischen die Lippen genommen, als solle es herausgezogen werden.
- Innendruck: es wird noch weiter in den Mund geschoben und geküßt, als solle es herausgezogen werden.
- Küssen: als sei es die Unterlippe des Geliebten. Der Penis wird eingesaugt. Dabei ruhig auch einmal die Vorhaut nach vorne ziehen und dann mit der Zunge dazwischengehen.
- Lecken: mit der Zunge flächig über den Penis in seiner ganzen Länge fahren.

- Aussaugen einer Mangofrucht: der Penis bleibt lange im Mund und wird intensiv geküßt und gesaugt, wie eine reife Frucht. Das aktiviert die Prostataflüssigkeit, was bei Unkenntnis zur Angst vor vorzeitigem Samenerguß führen kann. Die Prostataflüssigkeit, der Lusttropfen, läßt sich vom Sperma schon dadurch unterscheiden, daß sie Fäden zieht.
- Verschlucken: den Penis so weit in den Mund ziehen, wie es nur geht («deep throat»). Das hängt auch von der Körperhaltung ab. Kopf und Nacken sollten locker sein, die Fellatio kann im Sitzen ausgeführt werden, wenn der andere darunter liegt, oder im Stehen, oder seitlich mit dem Kopf auf dem Schenkel liegend.
- Blasen: Dadurch wird ein angenehmer Druck erzeugt.

Um einen Orgasmus durch Fellatio oder Cunnilingus zuzulassen und zu genießen, ist es sinnvoll, mit dem Partner oder der Partnerin darüber zu sprechen und Einverständnis herzustellen. Soll der Samen geschluckt werden oder nicht? Der Mann kann zeigen, wie er selbst mit seinem Sperma umgeht, ob er es verschluckt oder auf der Haut verstreicht. Welchen Stellenwert hat die Fellatio: wird sie nur als Vorspiel geschätzt oder als besonders lustvoll und orgasmisch erlebt oder, wozu sie sich übrigens ausgezeichnet eignet, als Nachspiel gewünscht?

Fazit: Cunnilingus und Fellatio werden für alle Beteiligten mit größerem Vergnügen erlebt, wenn man sie als originäre Formen der Lust begreift und praktiziert, sich über negative kulturelle Wertungen und vorgeschobene Ekelempfindungen hinwegsetzt und sich um einen sensiblen Umgang mit den Lustzentren der Partnerin oder des Partners bemüht.

Die Männergruppe

Erfahrungsberichte aus der Schule der Shivas

Was hat mir die Gruppe nun gebracht? Ich bin liebevoller geworden, ruhiger, geduldiger und einfühlsamer in der Sexualität, bin offener, Menschen anzunehmen und ihnen ihre Freiheit zu lassen.

Ludvik

Nein, ein neuer Mensch bin ich nicht geworden, kein Phönix aus der Asche. Dieses «ich hab's jetzt endlich geblickt», dieses Phrasengedresche, «mir sind da eine ganze Menge Sachen hochgekommen», geht mir auf die Nerven. Ich fühle mich, ganz schlicht und einfach, mehr als Mann.

Lust als Motor für Veränderung! Hingabe an das Unbekannte. Das war für mich wohl ein wichtiger Lernerfolg. Was alles geschehen kann, wenn ich meine Grenzen nicht nur betrachte, sondern sie überschreite! Ich bin klarer geworden – selbstbewußter. Sechs Monate Ausbildung in Mut, Lust und Ausdruck haben nicht nur mein Spiegelbild verändert. Ich habe mich mit mir selbst beschenkt, der **Begriff** «Selbstverantwortung» hat für mich einen fühlbaren Inhalt bekommen.

Es ist mit Worten kaum zu beschreiben, vielmehr ein Gefühl, das ich habe, wenn ich mich anziehe, frischmache, mich im Spiegel betrachte, spazierengehe, Sex mache. Narzißmus? Aber ja doch. Was die Frauen dazu sagten? Es war überraschend.

Harald

Meine Erfahrungen mit einem Mann, der die Schule der Shivas mit-
gemacht hat:

Vieles von dem, was ich meinem Partner etliche Male ans Herz
gelegt hatte und was er wahrscheinlich schon von seinen Eltern zu
hören bekam, vieles davon wurde in der Schule der Shivas zum
Gegenstand der Auseinandersetzung und trug Früchte. Ratschläge
der eigenen Frau haben ja kaum mehr Erfolg als die der Eltern. Als
erstes gingen erfreuliche Veränderungen mit der äußeren Erscheinung vor: dem Bart, den Haaren und der Kleidung.

Dann fing er an, sich Gedanken über seine Lage zu machen,
wurde sehr unzufrieden mit der Art, wie er bisher seinen Lebens-
unterhalt verdiente. Er informierte sich über Möglichkeiten zur
Umschulung und Weiterbildung und nahm zum erstenmal die be-
rufliche Seite seines Lebens wirklich ernst. Der Unzufriedenheit
folgten Taten, ein Stein kam ins Rollen. Im Vergleich zu früher hat
sich ungeheuer viel getan.

Es ist ein Mann aus ihm geworden, der Verantwortung für sich
und seine Handlungen übernimmt. Für mich ist diese schnelle Veränderung gar nicht so unproblematisch, denn ich hatte ihn mir ja so
ausgesucht, wie er war. Nun tue ich mich manchmal schwer damit,
mich mehr und mehr mit einem ernst zu nehmenden Mann auseinanderzusetzen, anstatt mit einem, dem ich mich überlegen fühlen
konnte. Es ist eine Entwicklung in Gang gekommen, die auch mir
Gelegenheit bietet, zu wachsen.

Natürlich haben sich die Veränderungen auch auf unser Liebesleben ausgewirkt. Wir haben gewagt, uns zu fragen, was wir wirklich wollen, und das auch umzusetzen. Nun erst entstand der Raum
für Experimente und Mut, Vorlieben oder Abneigungen offen zuzugeben. Wir sind immer noch dabei, uns von eingefleischten Er-
wartungshaltungen zu lösen und zu lernen, unseren wirklichen
Wünschen zu folgen.

Deva

Freitag, 16.30 Uhr. Gleich beginne ich einen Workshop für Männer
im Rahmen unserer «Schule der Shivas». Was ist das für ein Gefühl,
unter lauter Männern? Eigentlich ist es doch nichts Besonderes:
Männer haben viel miteinander zu tun: Arbeit, Sport, Verein,
Kneipe, Politik und so weiter und so weiter.

Diese Männer im Workshop – sie wollen eine Ausbildung zum

Shiva, zum göttlichen Mann, zum Idealbild hin. Bin ich ein Ideal-
bild? Welches Idealbild haben diese Männer, was treibt sie wirklich
an, ihr Anspruch oder ich? Sie haben sicher dasselbe Ziel:
Sie wollen im Leben und in der Liebe weiterkommen.
Was mir durch den Kopf geht? Kain erschlug seinen Bruder Abel,
weil er von seinem Gott-Vater mehr geliebt werden wollte.
Warum liebten sich die beiden Brüder nicht?
Im Workshop wird es ein Kapitel geben «Mann gegen Mann».
Das hört sich fast an wie vor Gericht. Werden diese Männer zuein-
ander finden? Die meisten Männer haben gelernt, sich als Konkurrenten, als Nebenbuhler, als neiderfüllte Brüder mehr zu hassen als
zu lieben. Aber es geht. Denn wie anders soll ein Mann sich erkennen als im Spiegel der anderen?
Für mich ist der Mann ebenso Liebesobjekt wie die Frau. Ich liebe
fast alles an Männern – ihren Geruch, ihr Verhalten, ihre Anmache,
ihre Stärke, ihre Muskeln, ihre Zärtlichkeiten, auch ihre Zehen, ihre
Worte, ihre Unbeholfenheiten, ihre Kunststücke und ihre Spiele-
reien.
Wir werden Spiele spielen, die unsere Fertigkeiten als Liebhaber
verfeinern, die unsere Qualität entwickeln.
Dabei werde auch ich einbezogen. Ich werde ihnen etwas von
meiner Zärtlichkeit zeigen. Wie fassen sie das auf? Womöglich wird
es auch Sex zwischen Männern geben. Die Grenzen werden sich
zeigen, die dafür verantwortlich sind, daß Männer so oft brutal oder
zynisch miteinander umgehen statt lustvoll. Können Männer voneinander auch Zärtlichkeit lernen?

19 Uhr. Es ist Zeit. Der Macher kurz vor dem Auftritt – auch eine
Seite von mir: die Maschen des Mackers.

Samstag, 7.30 Uhr. Ich nehme ein kaltes Bad, die anderen werden
auch gleich in den Garten gehen und duschen. Unsere Nachbarn
wird das wieder aufregen, wie immer, wenn es etwas Nacktes zu
sehen gibt.
Danach eine tibetanische Meditation: sich tausendmal in den
Staub werfen. Sie werden mir nicht glauben, wenn ich damit an-
fange. Aber beim hundertsten, zweihundertsten Mal wird ihnen
dämmern, worum es geht und daß ich es ernst meine. Genauso

ernst, wie es mir mit der Lust oder der Geilheit oder der Erleuchtung ist.

Die meisten haben, wenn sie zur Frau gehen, schon ein Entschuldigungsschreiben in der Tasche.

9 Uhr. Männer sind leicht verführbar, wenn sie in Gruppen, in Rudeln auftreten. Dann fühlen sich auch die Schwachen stark.

Beim Frühstück zerreden sie schon wieder fast alles, was sich an Gefühlen oder Erfahrungen vielleicht eingestellt hat. Sie diskutieren über irgend etwas Intellektuelles, das ganz und gar nichts mit ihnen selbst zu tun hat, sie fassen sich dabei an und merken es nicht einmal.

12 Uhr. Immer wieder geht es um Potenzprobleme, anstelle von Gefühl erwartet man Potenz.

Ich fühle mich ausgelaugt, auch ohnmächtig.

Der junge K. versichert mit träumerischen, feuchten Augen und einem Kloß im Hals, daß er kein Gefühl spürt. Er möchte begehrt sein, möchte anerkannt sein von den Großen, er will mitspielen, er hat Angst, er hat Sehnsucht. Die Brust wird ihm eng dabei, wieder versichert er, nicht zu wissen, was Gefühle seien. Mir kommen selber die Tränen, weil ich den Schlaksigen mag, weil er ein Spiegel ist, mir und uns zeigt, wie die kleinen Männer schon perfekt gelernt haben, sich von ihrem Gefühl zu trennen, Gefühle zu leugnen, sie um keinen Preis zu zeigen. Als koste es ihr Leben.

20 Uhr. Ich wechsle meinem kleinen Sohn die Windeln und nehme ihn mit in die Gruppe. Babys sind durch und durch sexuell, wer es nicht erfahren hat, wird es nicht verstehen.

Wie erging es den Männern der Gruppe mit ihren Vätern? In der Zeit, als sie Babys, als sie Kinder waren? Konnten sie vom Vater, dem ersten Mann im Leben, etwas lernen, war er ihnen ein lustvolles Vorbild?

Sonntag, 0 Uhr. Nach 58 Stunden Gruppenmarathon bin ich müde. «Therapeuten gehen meist alleine schlafen», sind allein mit ihren Gefühlen. Nun, mir ergeht es nicht so, aber ich bin auch kein normaler Therapeut.

Sonntag, 9 Uhr. Abschlußfrühstück, bei dem auch Frauen als Gäste dabeisind. Und... es darf nicht wahr sein: die tagelang gelebte und erarbeitete Solidarität, die Brüderlichkeit, die Nähe lassen schon wieder nach. Sie merken es zwar und ärgern sich darüber, aber schon wieder beginnt der versteckte Wettkampf.

Ich lege mich mitten unter sie. Sie haben keine Scheu mehr, ein bißchen ausgeflippt zu sein, keine Scheu, jungenhaft zu sein – Dinge, die ihrer Lust oft gründlich abhanden gekommen sind.

Und N., der 18jährige? Er hat verstanden. Was mußte er denn von uns lernen – eher hätten *wir* zu lernen von dem kleinen Buddhisten.

Natürlich fragen sie mich blöde Fragen: wie ich es denn mache mit meinen Frauen und Männern, und ich kann ihnen keine Antwort geben, die Sinn macht. *Wir* lachen darüber. Männergespräche, Schwatz unter der Dorflinde, zu nichts nütze, aber es schafft doch Gemeinschaft, ein Gefühl von: du bist nicht allein.

Kain hätte Abels Stärke und Freiheit auch lieben können. Beide wären dadurch schöner, glücklicher und potenter, zärtlicher zu den Frauen, mit viel Zeit zum Knuddeln und Brummen und Nichtdenken und schön leben.

Montag. Ich liege noch träge vom Orgasmus in der Morgenkühle. Draußen gelbweißes Licht über dem Bahngelände, ich spüre meinen Sohn zwischen den Beinen. Das macht ein irres Gefühl, ich verspreche mir, ihm rechtzeitig männliche Zärtlichkeit beizubringen. Ich nehme mir vor, meine Mit-Männer öfter in Zärtlichkeiten einzubeziehen statt sie nur geschickt zur Lebensbewältigung einzusetzen. Der Frau wird meine vollere Lust satter schmecken.

Ein Shiva ist sich seiner Würde als Lustgott bewußt und entspricht ihr.

Es macht Spaß, die Lust der Männer zu wecken.

Andro

Tantra

Die Kunst der Verehrung

Wer sich weiterführend mit Tantra beschäftigen möchte, für den haben wir in der nachfolgenden Bibliographie die wichtigsten auf dem deutschsprachigen Markt erhältlichen Bücher zusammengestellt.

Doch auch ohne tiefere Einweihung läßt sich aus dem Geist des Tantra schöpfen. Zum Abschluß möchten wir daher zur rituellen Gestaltung einer Liebesnacht anregen, zu einem Spiel mit Gefühl und Phantasie, das beiden Partnern eine ungewöhnliche erotische Erfahrung bieten kann.

Zwar gibt es in der tantrischen Tradition eine Reihe vielfältiger und komplizierter Rituale, doch für unsere Zwecke kommt es weniger auf die Befolgung bestimmter Regeln oder Techniken an als auf den freien, konzentrierten und mannigfaltigen Ausdruck der eigenen Lust.

Ziel einer solchen Liebesnacht sind die Verehrung und das Verwöhnen der Frau. Diese Absicht muß beiden bewußt sein, ein Ritual unterscheidet sich erheblich von «normalen» Liebesnächten. Ihm überlagern sich persönliche und universelle Aspekte der Beziehung von Mann und Frau. Einerseits findet Intimität zwischen zwei Einzelwesen statt, gleichzeitig geht es um eine symbolische und heilige Handlung. Nicht nur die einzelnen begegnen sich, sondern die Archetypen von Mann und Frau. Die Frau wird wie eine Göttin verehrt, als Mutter der Schönheit, der Liebe und des Lebens.

Ihr müßt vorher absprechen, daß es sich um ein Verehrungsritual handelt, das nach bestimmten Regeln abläuft. Die Frau sollte es annehmen können, ohne sich zu einer sofortigen Erwiderung, zu Gegengaben, verpflichtet zu sehen. Im Gegenteil, sie sollte weitgehend passiv bleiben, etwa wie bei einer Massage. Ein Ritual ist kein Tausch, sondern ein Geschenk. Der Mann schenkt sich selbst, ohne dafür etwas zu fordern. Es geht um sie. Sein Orgasmus kommt dabei, wenn überhaupt, erst an zweiter Stelle. Wenn sie, durch das Ritual inspiriert, selbst einen ähnlichen Prozeß gestalten möchte, sollte das an einem anderen Tag geschehen.

Das Ritual ist eine inszenierte Vereinigung. Der Mann überlegt sich vorher, wie er es gestalten möchte, sammelt Ideen und überlegt sich die ungefähre Reihenfolge der einzelnen Elemente. Das beginnt mit Ort und Zeit: zu welcher Tageszeit, bei Tageslicht oder bei Nacht, und wie lange soll es dauern (zwei Stunden, vier Stunden, eine ganze Nacht, Tag und Nacht)? Ein Ritual kann nicht von einer Minute zur anderen verabredet werden, sondern muß schon einen oder mehrere Tage vorher bekannt sein, damit jeder sich vorbereiten kann. In welchem Raum soll es stattfinden? Der Raum wird von allem Überflüssigen befreit, geschmückt, geweiht und unter Umständen verändert, so daß der nicht-alltägliche Charakter des Rituals auch äußerlich erkennbar wird. Dazu können Bilder, Blumen, Kerzen, Geschenke, Nahrungsmittel, Stoffe, Musik, Spiegel, indirekte Beleuchtung und manches andere beitragen. Auch die Schöpfung sollte bewußt repräsentiert werden, durch eine Pflanze neben dem Ritualplatz, ein Tierfell oder anderes, das Liebe und Dankbarkeit gegenüber dem Universum ausdrückt.

Selbstverständlich sollte es warm im Zimmer sein. Beginne nicht sofort mit einer Vereinigung, sondern stelle Stufe für Stufe eine erotische Atmosphäre her, spiele die Möglichkeiten der Vorlust aus. Zum Beispiel bei einer erotischen Reinigung im duftenden Badezimmer, mit gemeinsamem Waschen, Duschen oder Baden, bei dem sie wie ein Kind umsorgt wird. Dann trägst du sie zum eigentlichen Ritualplatz. Das muß nicht unbedingt das Bett sein, lieben und schlafen sind zwei sehr verschiedene Aktivitäten. Zur Liebe eignet sich eine feste Unterlage oft besser, auf der man liegen, sitzen und stehen kann. Also zum Beispiel Tücher, eine Matte oder ein Fell auf dem Boden.

Nicht alle Elemente müssen auf die Frau bezogen sein, möglich ist zum Beispiel auch, daß der Mann selbst ein Ritual vor dem Spiegel macht oder vor ihr seinen Körper und seine Lust ausdrückt, sein Vergnügen mitteilt. Im Einleitungsteil kann er auch eine Geschichte erzählen, singen, etwas vorspielen oder tanzen oder mit ihrem Namen spielen. Er kann ihr ein Geschenk machen, sie schmücken, ihr Liebeszeichen aufmalen, eine Hymne auf sie vortragen – kurz, dem Werbungsverhalten sind keine Grenzen gesetzt.

Das klassische tantrische Liebesmahl beinhaltet «Wein, Liebe, Fisch, Fleisch und Getreide» in kleinen Portionen, dazu können nach Belieben Früchte gereicht werden. Alles wird vorher bereitgestellt und im Verlauf des Rituals als Erfrischung angeboten.

Auch Elemente der erotischen Massage eignen sich ausgezeichnet für ein Ritual, nur sollte die Massage natürlich nicht in ihrer ganzen Länge angewendet werden. Im Verlauf des Rituals sollten verschiedene Vereinigungshaltungen benutzt werden. Dabei sind jene Stellungen energetisch vorteilhafter, bei denen zumindest ein Partner oder auch beide sitzen, knien, hocken oder stehen. Das Kamasutra beispielsweise beschreibt eine Fülle verschiedener Vereinigungen (von der man sich aber nicht verwirren lassen sollte, eigentlich geht es nur um die Variation weniger Grundstellungen). Vereinigungen im Liegen, wie etwa die Missionarsstellung, tauchen dort jedoch kaum auf, das hat gute Gründe: Wenn beide liegen, verbraucht die Lust alle Energien, ohne daß neue Energien aufgebaut werden. Liegen ermüdet, macht träge und bequem, verringert die Aufmerksamkeit und Wachheit. Außerdem ist im Sitzen eine bessere Orgasmuskontrolle möglich. All das sind Voraussetzungen für ein langes Vereinigungsritual.

Ob die Frau während des Rituals bis zum Orgasmus gehen will, wird vorher vereinbart. In einem Teil der klassischen Rituale besitzt sie alle Freiheiten, sie kann so stark und sooft zum Orgasmus kommen, wie sie möchte. Die wichtigste Vereinigungshaltung ist sicher die von Sonne und Mond, bei der die Frau im Schoß des Mannes sitzt.

Potenzmittel

Viagra ist ein chemisches Potenzmittel, das die Erektion des männlichen Gliedes stabilisiert und aufrechterhält.

Wenn dir öfter während des Geschlechtsakts – obwohl du guter Stimmung bist – die Erektion schwindet, solltest du dich nicht schämen, dieses Mittel auszuprobieren.

Im Gegensatz zu vielen althergebrachten Salben und Tinkturen wirkt dieses Mittel der Firma Pfitzer tatsächlich. Für die Wirkung von Viagra ist eine Anfangserektion erforderlich. Dein Penis wird also nicht allein durch das Mittel steif, sondern es verhindert den Abbau der Erektion, was bekanntlicherweise durch viele, nicht immer eindeutige Faktoren bewirkt wird.

Das Ereignis, daß eine Erektion nachläßt, erleben auch junge Männer, es tritt jedoch häufiger mit zunehmendem Alter auf. Viel zu oft wird geglaubt, daß nur die richtige Frau kommen müsse, um eine dauerhafte Erektion zu haben. In Wirklichkeit sind es innere Befindlichkeiten, wie Unkonzentriertsein auf den Geschlechtsakt, Streß oder schlechtes Gewissen, sowie äußere Umstände und Signale, die abturnend wirken; dem wirkt dieses Mittel entgegen.

Viagra ist rezeptpflichtig und verträgt sich nicht mit jedem anderen Medikament. Vor seiner Anwendung vergewissere dich, daß du gesund bist, denn es gibt einige Kontraindikationen, bei denen es nicht angewendet werden darf (z. B. Herzinfarkt, Embolie, extremer Bluthochdruck, diverse Herzerkrankungen, Epilepsie usw.). Das Präparat verträgt sich überhaupt nicht mit starken Blutdrucksenkern; daher auch besonders nicht mit Poppers (auch Stimulanzgas). Seine Wirkungsdauer liegt bei 4 Stunden und setzt auch erst ungefähr 1 Stunde nach Einnahme ein.

Viagra wirkt nicht direkt auf das Lustverlangen, ermöglicht häufig aber überhaupt erst ein tieferes Lustempfinden, weil du sowohl das sexuelle Spiel länger und ohne Unterbrechung ausüben kannst, als auch meist beliebig oft ohne Anstrengung wieder aufnehmen kannst.

Der männliche Orgasmus ist allzu häufig sowieso nur ein genital und nicht ganzkörperlich erlebter. Für einen Ganzkörperorgasmus mit der völligen Entspannung der gesamten Beckenbodenmuskulatur sind in der Regel sehr viel längere und heftigere Bewegungen erforderlich, als bei einem Genitalorgasmus.

Du wirst also nicht unweigerlich mit steifem Schwanz herumlaufen, sondern mußt dich – wie sonst auch – durch übliche Reize und Signale dazu anregen lassen oder dich stimulieren. Die Erektion klingt wieder ab, wenn du absolut keine Lust dazu hast.

Viagra gibt es als Pillen zu 50 mg und zu 100 mg. Teste selber, wieviel du brauchst – man kann die blauen Pillen leicht halbieren für den ersten Versuch. Mehr wirkt *nicht* länger, auch bei 50 mg hält die Wirkung 4 Stunden an.

Es ist nicht immer ratsam, der Partnerin zu ‹gestehen›, dieses Mittel genommen zu haben. Auch nicht hinterher, da die meisten Frauen natürlich die Wirkung lieber selber auslösen möchten. Viele von uns bekommen wahrscheinlich auch Probleme mit dem Selbstwertgefühl, wenn wir zugeben müßten, nur mit einer Pille bei der Stange bleiben zu können.

Viagra hat gewisse Nebenwirkungen. Es schwellen nicht nur die Schleimhäute der Genitalien an, sondern auch die des Nasen-, Nebenhöhlen-, Mund- und Halsbereiches, was z. B. bei einem gerade bestehenden Schnupfen als sehr lästig empfunden werden kann. Wenn du zu Asthma neigst, verwende nicht gleichzeitig schleimhautabschwellende Medikamente oder Antihistamine. Wird der Wirkstoff verbraucht, hattest du reichlich Sex und bist auch körperlich aktiv gewesen – was mit einer deutlich erhöhten Herztätigkeit einhergeht –, wirst du hinterher keine Kopfschmerzen haben. Das tritt dann oft ein, wenn du das Mittel genommen, es aber nicht oder kaum zur sexuellen Interaktion gekommen ist – da hilft jedoch meist eine Aspirin, um den Druck auf den Schläfen zu mildern.

Die deutliche Zunahme der Beckenbodendurchblutung unter Einnahme von *Viagra* hat auch für Frauen – oder für den analen Sex – eine günstige Auswirkung, da allzu häufig die Anspannung im Becken- und Analbereich bei der Penetration als schmerzhaft empfunden wird und somit die an sich mögliche Lust vergällt.

Da sehr viele Männer nach wiederholten Niederlagen im Bett dazu neigen, den Sex ganz zu lassen oder dies durch Gewalt, Roheit oder Schnelligkeit zu übertönen versuchen, um nicht als ‹Schlappschwanz› dazustehen, könnte die blaue Pille durchaus zu einer Allgemeinverbesserung des Umgangs mit der Lust führen. Den Frauen nimmt es den Druck, für den Mann etwas Besonderes veranstalten zu müssen, was sie sehr häufig als Erniedrigung erleben. Und der psychologische Effekt, wieder zu können, kann einen Mann schließlich wieder dahin bringen, auch ohne Mittel seinen Mann zu stehen.

Ist mittels *Viagra* die Erektion erst mal nicht gefährdet, kannst du außerdem besonders darauf achten, was dich stört oder dir gefehlt hat beim Sex. Außerdem ist es leichter, auszusprechen, wie du deinen Sex ausüben möchtest. Bei weniger sicheren Männern führt das Reden über Sex gewöhnlich zum gänzlichen Erektionsverlust.

Besonders hilfreich ist dieses Präparat bei physischem Erektionsverlust, wie bei Querschnittslähmung oder nach urologischen bzw. analen Eingriffen, sofern keine Blutgefäßschäden am Penis selber vorliegen. Du solltest dann jedoch in jedem Fall den unterstützenden Rat eines Urologen einholen. Wenn dir dein Urologe ohne Untersuchung bzw. ohne begründete Diagnose in Bausch und Bogen davon abrät, suche – eingedenk dessen, daß es auch sexfeindliche Ärzte gibt – einen anderen auf.

Steht er dir sowieso immer, wenn du willst, glaube nicht, daß du davon eine Supererektion bekämest. Du kannst dir getrost das Geld sparen, denn mit ca. DM 30,– für eine der kleinen blauen Pillen ist das Mittel vorläufig noch relativ teuer.

Es ist nicht zu befürchten, durch *Viagra* tablettensüchtig zu werden. Je erfolgreicher du deinen Sex wieder gestalten kannst, desto eher erübrigt sich außerdem das Hilfsmittel.

Ein Tip noch am Rande: Männer, die Kondome fürchten, weil oft schon bereits beim Anlegen die Erektion dahinschwand, sollten unter Wirkung dieses Medikaments gezielt das ‹Spielen› mit Kondomen üben, bis das Gummiding selber zum beliebten Spielmittel wird. Die zusätzliche Verwendung eines Coquerings ist möglich.

Fühl dich frei, mit deiner Lust zu experimentieren!

Weiterführende Literatur

Allen, M., Tantra im Westen, Reinbek 1987

Bharati, A., Die Tantra-Tradition, Freiburg 1979

Blofeld, J., Der Weg zur Macht, Berlin 1982

Chögyam Trungpa, Feuer trinken, Erde atmen. Über die Magie des Tantra, Köln 1982

Douglas, N., und Singer, P., Das große Buch des Tantra, Basel 1985

Dowman, K., Der heilige Narr, München 1982

Fischer, K., Eotik und Askese, Köln 1985

Garrison, O. V., Tantra – Yoga des Sexus, Freiburg, ohne Jahr

Gillis, J., Transzendentaler Sex, 1985

Gopi Krishna, Kundalini. Die Erweckung der geistigen Kraft im Menschen, München 1983

Govinda, Lama A., Grundlagen tibetanischer Mystik, München 1982

Guenther, H., Tantra als Lebensanschauung, München 1974

Guenther, H., und Tschögyam Trungpa, Tantra im Licht der Wirklichkeit, Freiburg 1976

James, J., Männer im Bett, Berlin 1987

James, J., und Jongeward, D., Spontan leben, Reinbek 1986

Johnson, W., Der schwierige Weg zur Genügsamkeit, München 1982

Das Kamasutram – Orientalische Liebeslehre, München 1986

Khanna, M., Das große Yantra-Buch, Freiburg 1979

Lauster, P., Die Liebe, Reinbek 1982

Mookerjee, A., und Khanna, M., Die Welt des Tantra in Bild und Deutung, Bern / München 1978

Naslednikov, M., Tantra – Weg der Ekstase, Berlin 1982

Rawson, P., Tantra – Der indische Kult der Ekstase, München 1974

Raley, P. M., Making Love – Wir lernen zu lieben, Berlin 1978

Rendel, P., Einführung in die Chakren, Basel 1983

Rosenberg, J. L., Orgasmus, Berlin 1979

Schwäbisch, L., und Siems, M., Selbstentfaltung durch Meditation, Reinbek 1987

Schwäbisch, L., und Siems, M., Anleitung zum sozialen Lernen, Reinbek 1977

Smith, M. J., Sag nein ohne Skrupel, Reinbek 1979

Thirleby, A., Das Tantra der Liebe, Berlin 1982; ders., Tantra – Reigen der vollkommenen Lust, Berlin 1986

Varenne, J. M., Tantrismus, München 1988

Zilbergeld, B., Männliche Sexualität, Tübingen 1983

Die Autoren

Andro   wurde 1941 geboren und wuchs in der praktischen Arbeit eines Natursanatoriums der Familie auf.
Studierte Kunst an der Akademie in Pforzheim bei seinem Vater, Professor C. Rothe, und Ausdruckstanz bei Mary Wigman in Berlin.
Studierte vor Ort byzantinische Massage-Formen in Nordafrika und der Türkei, wendete diese selber dort an und leitete Ausgrabungen antiker Bäder in Tunesien und Baden-Württemberg, machte eigene anthropologische Studien der Berber und Tuareg in der Sahara.
Studierte sieben Jahre Sufi-Heilmethoden und Zauberriten im Tassili N'Eijer und Südtunesien.
Ausbildung als Heilpraktiker, Studium am Medical Center des Dalai Lama in Dharamsala / Indien.
Yogastudien in Poona und schließlich Entwicklung einer eigenen Therapieform, der Yin-Yang-Massage.
Lernte T'ai Chi bei Gia-fu Feng, woraus eine eigene Form ‹Soham› wurde, und entwickelte eine eigene praktische Tantra-Lehre.
1980 gründete Andro ANTINOUS, ein Institut in Berlin. Er veranstaltet und leitet Workshops und Seminare im In- und Ausland, lehrt T'ai Chi, Yoga, Massage und Bogenzen, ist Ausbilder holistischer Therapeuten und Sexualpädagoge sowie Autor von Lectures und Meditationen, von Videofilmen und eines Massage-Lehrbuches über die Yin-Yang-Massage sowie eines Bogenzen-Buches.
1981 gründete Andro die ‹Schule der Shivas›, nach der dieses Buch entstand.

Stefan Schomann,   Autor und Journalist, nahm an der Schule der Shivas teil.

Stefan Maria Rother   fotografierte die Bilder für dieses Buch. Schauplatz war das «Dörfchen», ein Meditationszentrum in Berlin.